思想政治教育实践研究

— 新探索丛书 —

主编◎杨晓慧　刘志

大学生组织思想政治教育
感染性研究

王子刚◎著

中国人民大学出版社

· 北京 ·

|思想政治教育实践研究新探索丛书|

总　序

问题是时代的呼声与口号，理论是在思想中把握到的时代，真见以问题为基础和前提。马克思说："问题是时代的格言，是表现时代自己内心状态的最实际的呼声。"① 中国特色社会主义进入新时代，这是我们当前所处的历史方位，也是思想政治教育学科发展的基本场域。新时代提出新课题，新课题引发新思考，新思考呼唤新作为。只有科学把握时代问题，关注时代变化，思想政治教育学科才能在培养中国特色社会主义事业建设者和接班人的过程中彰显其独特价值。

人类究竟应当确立什么样的生存方式，从而正确地面对自然、社会和人类自身，不仅仅是思想政治教育学科发展所面临和要回答的基本问题，也是整个人文社会科学应当优先解释与科学解决的重要课题之一。思想政治教育是对人进行思想理论教育和价值引领的重要学科，如何引领人们正确看待人类社会发展中面临的各种问题与挑战，在一定意义上构成了思想政治教育学科发展的时代之问。思想政治教育不只是一门理论学科，更是一门实践学科，具有明确的应用指向。思想政治教育不是"书斋里的学问"，而是面向生活、面向实践的，其学科发展必然依时代发展与实践推进而变化。离开了现实生活与社会实践，思想政治教育学科就是无源之水、无本之木。

从思想政治教育发展历史来看，高度重视思想政治教育的实践创新，推

---

① 马克思，恩格斯．马克思恩格斯全集：第1卷．2版．北京：人民出版社，1995：203.

进思想政治教育规律的探索与应用，全面提高思想政治教育的针对性和实效性，是思想政治教育改革发展的思想主题和历史主线。思想政治教育学科自诞生以来，一直发挥着“解释世界”与“改变世界”的基本功能。如果说“解释世界”主要在学科体系的构建中阐释其学科功能的话，那么，人才培养则是其“改变世界”功能发挥的主体依托。在学科发展过程中，其生成逻辑逐渐由思想政治教育“是什么”“为什么”“怎么办”的传统学术解释逻辑向“时代需要什么样的思想政治教育”“思想政治教育如何回应时代需要”“思想政治教育能为培养人做什么”的生活实践逻辑转化。思想政治教育需要在“解释世界”与“改变世界”的过程中，不断更好地服务于培养德智体美劳全面发展的社会主义建设者和接班人这一学科建设与发展目的。

立足当下，新时代思想政治教育的创新发展理应放在当今世界百年未有之大变局、党和国家事业发展全局中来看待，从坚持和发展中国特色社会主义、建设社会主义现代化强国、实现中华民族伟大复兴的高度来对待。“四个正确认识”的新方向，“遵循思政工作规律、教书育人规律、学生成长规律”的新指向，“因事而化、因时而进、因势而新”的新取向，“围绕学生、关照学生、服务学生”的新导向，为我们划定了新时代思想政治教育的主攻方向和实践方略。在此基础上，思想政治教育应在深化理解思想政治教育学科本质的同时，直面时代问题，明确应用导向，充分发挥思想政治教育的价值和功能，夯实思想政治教育实践研究的现实根基，在顺应新形势、解决新问题中不断焕发新的生命力。

思想政治教育实践研究一直是东北师范大学思想政治教育研究中心的重点研究方向与优势领域。多年来，我们始终聚焦思想政治教育应用研究和比较研究，积极进行学术探索。应用研究旨在破解高校思想政治工作和学生成长中面临的实践难题，把问题变成课题，把经验上升为理论，把成果转化为成效；比较研究旨在通过跨文化德育比较，探索构建比较思想政治教育的理论体系与研究范式，推动思想政治教育由本土走向世界。应用研究与比较研究相互支撑、相辅相成，通过揭示不同国家思想政治教育差异性特质与普遍性规律，创建兼具中国风格与世界视野的思想政治教育实践理论，服务于当代思想政治教育的创新发展。

在已有系列成果基础上，聚焦思想政治教育应用研究和比较研究两大领域，东北师范大学思想政治教育研究中心与中国人民大学出版社、商务印书馆签订系列出版协议，全面启动“思想政治教育实践研究新探索丛书”“中外价值观教育前沿论丛”共计20余部著作的系统创作。丛书瞄准新时代思想政治教育研究的当代转向，聚焦前沿论域，关注重大现实，打通关键环节，紧紧围绕思想政治教育工作中的实际问题、重点任务、瓶颈难题等开展论述，对当前思想政治教育存在的一些前瞻性、根本性问题做出积极探索，有助于我们从更深层次思考新时代思想政治教育理论研究的新突破和实践创新的新发展。

“思想政治教育实践研究新探索丛书”抛砖引玉，希望可以引起读者对思想政治教育学科理论与实践更多的关注与思考。

杨晓慧

2020年6月1日

目　录

导论

组织是人的社会化的直接表现，是人区别于其他动物的重要特征，是人类基本的存在形式与活动方式。大学生作为社会群体的一部分，其组织形态伴随我国近代大学制度的形成而发展。百余年来，中国大学生组织作为一股变革社会的新生力量登上历史舞台，在争取民族独立解放、参与社会主义建设和推进改革开放进程中发挥了不可替代的重要作用。长期以来，大学生组织作为现代大学治理结构下的基本单元，不仅发挥着学生自我教育、自我管理和自我服务的功能，还承担着辅助学校管理与教育教学的职能，更是高校开展大学生思想政治教育的重要载体和依托。

新形势下，受全球化浪潮和社会转型发展的深度影响，我们在高校学生组织中发现了一些新趋势与新问题：一方面是以班集体为代表的传统学生组织的“失灵”现象，具体表现为传统组织对学生的吸引力、凝聚力、影响力持续减弱，学生自发形成的新型组织层出不穷。我们不禁要问：当代大学生个体与组织之间的关系到底发生了怎样的变化？思想政治教育对越来越多游离于传统组织之外的大学生个体如何有效开展“主阵地”教育？另一方面是具有相同特质的学生个体在同一组织中的“扎堆”现象，具体表现为某一组织中的学业、就业典型层出不穷，另一组织中的思想、道德表率逐级传承。我们还要追问：是组织中的什么要素在感染学生的参与热情，在激发学生的进取动力？思想政治教育能否掌握这一科学原理并加以有效利用？

面对上述一系列的现实追问，笔者最终将研究锁定在“大学生组织思想政治教育感染性”上来，力图从现代思想政治教育实际出发，充分借鉴社会学、心理学、教育学和管理学相关理论，深入剖析在大学生成长过程中，不同学生组织对学生个体基于情感激发的价值观影响和人格塑造，整理组织感染个人的基本要素，找到组织感染个人的正负面效应，理出组织感染个人的内在机理，摸清组织感染个人的一般规律，从而提出更好利用大学生组织开展思想政治教育的途径与方法，揭示“蓬生麻中，不扶自直”“近朱者赤，近墨者黑”的隐性思想政治教育规律，深刻回应习近平总书记在全国高校思想政治工作会议上提出的“提升思想政治教育亲和力和针对性”以及将高校思想政治工作落细落小落实等时代要求。

一、问题的缘起

思想政治教育是做人的工作，人是思想政治教育研究的核心对象，一切问题的出发点与落脚点都源于对人的心理、意识和思想的把握。马克思指出："人的本质不是单个人所固有的抽象物，在其现实性上，它是一切社会关系的总和。"① 马克思所强调的这种社会关系在现实环境中的直接表现形式就是人类的组织生活。我们应该认识到：只有组织起来的人，才有可能去承担更为重要的社会责任。将广大群众有效地组织起来，也是中国共产党取得革命胜利的重要优势和长期发展的重要经验。我们还应该注意到：在自然界中，石墨和钻石都是由碳元素构成的基本物质，但两者因内在结构的不同，呈现出两种截然不同的性质和功用。同样，在一个大学里，为什么有的班级或寝室的学生整体思想积极、团结向上、行动高效，而另一些则恰好相反。这其中的原因何在？蕴含怎样的思想政治教育原理？本书就是要通过辨析与论证寻求这方面的真正答案。

为什么要将研究对象的第一个层次锁定在大学生身上？从现实发展的角度来看，青年一代尤其是接受过高等教育的大学生青年，是世界上任何一个国家和民族寻求长远发展的基石。党的十八大以来，以习近平同志为核心的党中央高度重视青年成长与大学生思想政治教育，提出"中华民族伟大复兴的中国梦终将在一代代青年的接力奋斗中变为现实"，这是对以大学生为代表的当代中国青年的最大肯定和最高期望。从科学理论的角度来看，个体生命周期决定了人生不同发展阶段的生理和心理特点，针对这些阶段性特征开展思想政治教育，可以大大提升思想政治教育工作的效果。美国发展心理学家和精神分析学家埃里克森曾在《童年与社会》一书中，提出了著名的心理-社会发展"八段论"，围绕自我意识与社会行为的具体表现，将人从出生到消亡划分为八个阶段，并指出每个阶段所要面临和解决的主要矛盾与问题。同时，他还认为各个阶段的顺序是由生理决定的，但能否完美实现每个阶段的任务

① 马克思，恩格斯. 马克思恩格斯选集：第1卷. 3版. 北京：人民出版社，2012：139.

则是由后天环境所决定的。其中，大学阶段（19～23 周岁）与其提出的成年早期（20～24 周岁）基本吻合。这一阶段的核心需求是在原生家庭之外探求情感归属、获得亲密依靠，包括同性之间的友谊、异性之间的爱恋和群体之中的归属与认同，从而摆脱孤独感。因此，针对成年早期的特点我们可以发现，大学期间的学生组织对于满足个体心理需求乃至今后的人生发展都具有非常重要的作用。与此同时，这一阶段也是高校对学生进行系统化思想政治教育的关键“窗口期”。总之，依据不同生命时期的主要任务，开展有针对性的思想政治教育，可以使个体人格得到持续的发展和完善。

为什么要将研究对象的第二个层次锁定在大学生组织上？人类文明的形成与人类的群体存在方式密不可分。实际上，人类最初的群体结合与群体活动是为了解决生存与安全的需要，与动物群居无本质上的区别。而在群体基础上的组织则不同，组织是人类自觉的产物，组织化则是人类优越于其他物种的根本所在。因此，以组织关系和组织活动凝结而成的群体既是人类的生存依靠，也是认识改造世界、推动文明进程的基础前提。通过组织开展思想政治教育是思想政治工作现代化的重要标志，是新形势下高校围绕立德树人加强和改进思想政治工作的有效途径。我们党在早期革命实践中，就深刻认识到这一问题的重要意义，因此提出要在组织中建立党组织，以“支部建在连上”的方式强化人民军队的思想政治建设，取得了宝贵经验。诚然，对组织的研究和实践也要实现与时俱进的创新。在宏观层面上，新中国成立尤其是改革开放 40 多年来，中国社会变化日新月异，社会主义市场经济体制确立，社会结构相应转型，人们的自主意识日益强化，国家与社会群体之间的关系不断磨合调整，这促使大学生群体与大学生组织也在改革大潮中不断革新自我。在微观层面上，传统“单位制”影响下的高度科层化组织结构正在转变为国家、市场、社会三位一体的现代化社会，社会组织呈现多元化、联合化、广泛化趋势，社会组织的功能和作用进一步凸显，这使得大学生参与组织的意识、中介和范围随之改变。正确认识全面深化改革背景下的大学生群体，洞察新形势下个体和组织之间的互动关系，学会在新型社会结构中借鉴组织社会学和群体心理理论开展大学生组织思想政治教育，已经成为广泛共识。

为什么要将研究对象的第三个层次锁定在组织感染性上？长期以来，思想政治教育从未忽略过对集体影响的关注，我们习惯将积极向上的集体称为“摇篮”“熔炉”，将腐化堕落的集体称为“染缸”“温床”。在中华优秀传统文化中，我们可以发现很多思想家对这一问题进行过生动形象的阐释和论述。如孔子提出：“性相近也，习相远也。”（《论语·阳货》）这里的“习”是指后天习染积久养成的习性，强调个人成长环境对思想道德品质形成的客观影响。另外，他还提出：“三人行，必有我师焉；择其善者而从之，其不善者而改之。”（《论语·述而》）强调个体在群体生活中，不仅要主动参与人际交往，更要学会选择对自身发展有利的影响。孟子在孔子对教育环境认识的基础上，提出，“乡田同井，出入相友，守望相助，疾病相扶持”（《孟子·滕文公上》），告诫人们要在群体环境中建立友好关系，和睦相处，以便相互帮助扶持，共同进步。战国时期的荀子对上述问题的认识出现了辩证意识。他先从客观环境对个体思想道德教育影响的角度提出：“蓬生麻中，不扶而直。白沙在涅，与之俱黑。兰槐之根是为芷。其渐之滫，君子不近，庶人不服，其质非不美也，所渐者然也。故君子居必择乡，游必就士，所以防邪僻而近中正也。”（《荀子·劝学》）强调随着时间的推移，群体环境对其中个体人的渐进式和决定性影响。反之，荀子还从个体对客观环境的选择的角度提出：“积土成山，风雨兴焉；积水成渊，蛟龙生焉；积善成德而神明自得，圣心备焉。”（《荀子·劝学》）“肉腐出虫，鱼枯生蠹。怠慢忘身，祸灾乃作。强自取柱，柔自取束。”（《荀子·劝学》）说明虽然环境是客观的，但人是主观的，群体中的个体要正视环境对自身的导向作用，通过主观辨识与取舍，最终实现积极吸收正面影响，有效应对负面影响。我国古代思想家在长期实践中总结形成的这些观点，充分说明了环境、群体、个体三者之间的存在关系与制约条件，揭示了思想政治教育对人类本性变化的潜移默化作用。上述客观环境实际上就是学生组织的宏观表现形式，而集体影响也就是本书要研究的组织感染性。

二、研究的价值

大学阶段是青年个体世界观、人生观、价值观形成发展的黄金时期，受年龄因素、家庭因素、社会因素的诸多影响，大学生认识与经营自身社会关系的能力不尽相同。在其学习生活期间，各类学生组织成为维系这种社会关系的核心载体，是思想政治教育工作者开展思想政治教育的重要依托。长期以来，学界立足不同学科视角，不断澄清个人、组织和社会之间的辩证关系，并从应然的研究视角出发，对大学生组织所承载的集体主义意识进行了广泛深入的单一向度的阐发和解读，缺少从组织感染性层面的深入分析、科学归纳和系统总结。因此，如何正确认识大学生组织对当代大学生的重要影响，成为亟待研究审视的重要课题。

（一）顺应社会转型期个体与组织关系的变化趋势

通过查阅历史资料我们发现，新中国成立以来，从 20 世纪 50 年代的社会主义改造到“文化大革命”时期的红卫兵运动，再到改革开放以后的学生社团热，我国大学生组织发展经历了漫长而复杂的过程。1978 年党的十一届三中全会确立改革开放政策以后，经济体制的市场化带动了社会体制的变革。在此之前，“总体性社会”建设遵从国家组织社会的逻辑，国家通过行政手段建构了政治、经济、社会高度统合的刚性组织体制，确保了社会的高度有序。在此之后，市场经济启动了个体的利益动机和社会的分化机制，解构了原来高度行政化的刚性组织体制，社会自主性和多样性得到彰显。市场提供的资源和机会为新的社会存在方式奠定了基础，社会进入了依照利益逻辑和自主选择进行重组和重构的过程。当前，中国社会转型呈现新特点，社会矛盾进入转化期，人们对集权主义和社群主义生活方式的认同持续减弱，社会的个体化趋势引发普遍担忧。个体与组织的关系到底发生了怎样的变化，是什么原因导致了这种变化，成为全社会必须面对的重要课题。

（二）适应新时代高校大学生组织建设的发展方向

在全球竞争日益激烈的今天，大学生是中国特色社会主义建设的重要人力资源，是祖国的未来、民族的希望。当前，大学生与社会发展有着高度的统一性，他们既张扬个性，也同时渴望被群体接纳，实现自身所追求的价值存在。但由于社会阅历有限、知识结构不尽完善等原因，大学生对组织的认知趋于表象，对组织带给自己的影响难以自主判断。与此同时，随着自主思维、自主选择意识的发展，传统的集体主义精神已不足以整合多元化的大学生社会，他们需要一种新的、更符合现代社会特征和发展方向的集体归属，以满足自身全面发展的需要。在认同与归属的过程中，不同组织针对不同个体基于不同情感激发出来的感染性，成为维系和稳定大学生个体与大学生组织关系的关键纽带。精神家园提供了人们思想灵魂得以生成并不断充裕发展的内心归属和意义寄托，昭示出一定社会时代的整体精神状况与个体精神灵魂的情感关联与精神标识①。这也同时解释了为什么一个积极向上的组织可以引发带动更多的人走向成功，而一个消极涣散的组织则会导致组织成员误入歧途，这其中蕴含的"组织感染性"是思想政治教育鲜有触及的研究领域。如何适应新时代高校大学生组织建设的发展方向，并通过有效的教育手段增强组织感染性，提升组织归属感，帮助大学生在组织中形成正确的集体主义价值观，更好发挥"组织育人"功能，成为思想政治教育工作者必须关注的现实问题。

（三）回应新形势下思想政治教育学科的实践要求

在新的历史条件下，加强和改进大学生思想政治教育是践行社会主义核心价值观、培养社会主义事业建设者和接班人、实现中华民族伟大复兴中国梦的必然要求。当前，我国思想政治教育的实践要求正在从以往的"两性两力"（针对性、实效性和吸引力、感染力）向"一性一力"（针对性和亲和力）转化。党的十八大以来，以习近平同志为核心的党中央高度重视大学生思想政治教育工作，专门召开全国高校思想政治工作会议，在不同场合发表重要讲话殷切关怀青年成长。面对从传统社会向现代社会转型过程中遗失传统、现代性问题与"走得太快，灵魂都跟不上"的焦虑，

① 李忠军. 当代中国铸魂育人问题论析. 社会科学战线，2016（6）.

2014年，习近平总书记在全军政治工作会议上提出“铸魂育人”思想，他强调：“要把理想信念在全军牢固立起来，适应强军目标要求，把坚定官兵理想信念作为固本培元、凝魂聚气的战略工程，把握新形势下铸魂育人的特点和规律，着力培养有灵魂、有本事、有血性、有品德的新一代革命军人。”[①] 这一重要论述直指当代思想政治教育的核心任务。铸魂是每个时代意识形态统摄思想、塑造灵魂的本质要求[②]。铸魂育人是思想政治教育本质内涵的集中表达，“魂”之内容蕴含思想政治教育意识形态性的关键要素[③]。人们的现实生存状态构成意识变化的起点，而精神领域中的深层次困惑形成无法回避的思想纽结，思想政治教育无法有效梳理和解结就在于难以吸引人和感染人。通过组织感染性教育，可以实现以情动人、以情感人、以情育人，触及并触动大学生的心灵和灵魂，实现思想政治教育过程内生于学生的生活世界，使之围绕身边人、身边事，通过常听常见，实现常感常思，实现感染性教育真正“像空气一样无处不在，无时不有”。因此，研究大学生组织是如何在“灵魂”层面感染人的，科学呈现感染性互动现象，是思想政治教育亟待破解的理论问题。

三、研究的现状

通过文献查阅了解研究现状，是开展系统研究的前提。本书研究的主题是大学生组织思想政治教育感染性，涉及“大学生组织”“感染教育”“思想政治教育组织感染性”等研究领域。因此，对研究现状的述评也主要围绕上述三个维度展开。

（一）关于大学生组织的研究

大学生组织是现代大学的基本构成单元，在接受高等教育的过程中，每一名大学生都会被各类学生组织所“分割”和“吸纳”。因此，大学生组织成

① 发挥政治工作对强军兴军的生命线作用 为实现党在新形势下的强军目标而奋斗. 人民日报，2014-11-02.

② 李忠军. 当代中国铸魂育人问题论析. 社会科学战线，2016 (6).

③ 李忠军. “铸魂育人”是思想政治教育本质核心内涵的探讨. 思想政治教育研究，2015 (10).

为高等教育和思想政治教育领域长期研究的问题之一，并且形成了大量的研究成果。

从研究成果的发表时间和发文数量来看，学界对我国大学生组织的研究有三个重要时间节点。一是 1978 年改革开放以后，国家经济社会环境发生巨变，加之西方思潮的涌入，人们的主观思维方式和价值观取向发生相应的变化。高校作为先进思想交融交锋的重要阵地，大学生群体的思想观念和生活行为方式暴露出很多复杂尖锐的问题，国内一批针对青年群体的研究机构和学术团体逐步形成，相关研究领域受到学界的重视。但这个时期的大学生组织主要是作为广义上的社会群体被学者所关注，问题集中于青年大学生中的热点问题和群体现象，如“出国热”“读书热”“流行文化热”等等。二是 1999 年高校扩招以后，我国高等教育由“精英化”向“大众化”转型，众多高校开始合并重组，在校大学生人数逐年增加。与此同时，伴随我国社会主义市场经济体制不断发展和教育体制改革走向深入，大学生组织建设日益多元，涉及大学生切身发展利益的问题不断显现，如心理健康、困难生资助、就业难等等成为这一时期思想政治教育学科关注和研究的焦点。三是 2004 年出台的《关于进一步加强和改进大学生思想政治教育的意见》着重提出要“充分发挥党团组织在大学生思想政治教育中的重要作用”并单独成节，详细阐述了学生组织在思想政治教育中的不可替代功能及组织管理要求，促使大学生组织建设得到空前重视，关于大学生组织的研究成果大量涌现。此外，2006 年的教育部令第 24 号进一步规范了高校辅导员队伍建设的长效机制，有效激发了基层一线思想政治教育工作者的研究热情，并使他们成为大学生群体研究的主要力量，共同促进了思想政治教育理论研究的快速发展。总的来看，关于大学生组织（包括大学生群体）的现有研究内容集中在以下四个方面：

1. 关于大学生组织思想政治教育价值的研究

对于大学生组织在思想政治教育中的地位和作用，学界一致肯定并形成了广泛共识。有学者通过回顾改革开放以来的大学生思想政治教育实践，提出依托大学生组织建设开展思想政治教育是我国高校的优势和特点，新时期要遵循以党建带团建的大学生思想政治教育模式，进一步拓展高校思想政治教育实践途径[①]。有学者认为学生组织在大学生思想政治教育工作中的重要性是由学生组织的自身特点决定的，学生组织建设既是提高大学生思想政治素质的基本要求，更是丰富和繁荣校园文化的客观要求，因此依托学生组织做好思想政治教育工作是思想政治教育自身发展的需要[②]。有学者认为大学生组织是建设优秀校园文化的主力军，是提升学生整体素质的强大动力，是提高其成员素质的快速通道。学生组织影响力的大小体现在制度建设、活动组织、对外形象等方方面面，集中反映了一个大学生组织的现实状况与发展前景[③]。还有学者认为，高校学生组织不仅是思想教育的重要阵地，还是丰富大学生活的推动者、学生独立生活学习的重要标志和学生利益的代表者，学生组织肩负开发大学生理性潜能、使其养成健全人格的使命[④]。

2. 关于大学生组织一系列基本问题的研究

这方面的研究包括大学生组织的概念、大学生组织的性质、大学生组织的特征和大学生组织的思想政治教育功能等。有学者将大学生组织定义为是由一定数量和条件的学生组成，在一定物质和技术基础上为实现确定目标，遵循自愿原则，有意结合起来并遵守相应规章制度的具有科层结构特点和角色分配机制的相对独立的社会组织[⑤]。还有学者认为大学生组织是高校系统内由大学生组成，具有完备组织规章制度、具有固定组织成员、具有明确组织原则，组织结构较为严密、组织成员有明确权利义务、组织规模较大的一种组织[⑥]。有学者认为，高校学生组织具有自身独特的性质，包括党委领导团委指导的学生组织、群众性的学生组织、相对自主的学生组织、拥有自己特色

① 郑永廷，朱白薇. 新时期大学生思想政治教育实践的丰富和发展：改革开放 30 年大学生思想政治教育实践发展成果. 思想教育研究，2008 (11).

② 赵世龙，贾玥. 学生组织在大学生思想政治教育中的作用研究. 辽宁省社会主义学院学报，2013 (2).

③ 刘兴平，金晓奕. 论高校学生组织影响力及其构建途径. 河海大学学报（哲学社会科学版），2007 (4).

④ 姚莉. 当代高校学生组织建设与发展的思考. 教育与职业，2013 (9).

⑤ 石国亮. 高校学生组织研究的几个前提性问题. 学校党建与思想教育，2007 (12).

⑥ 李友山. 论高校学生组织作用的最优化. 知识经济，2010 (22).

文化的组织，大学生组织的性质又同时决定了组织的特点，即流动性、自律性、可塑性和受导性①。有学者提出高校学生组织具有独特的思想政治教育功能，它既包括管理、教育、心理、活动等一般功能，还包括政治、文化、社会等特殊功能，而且两个层次上的功能是高度统一和相互促进的②。还有学者认为，高校学生组织具有教育引导、服务维权和干部培养三方面主要功能③。另有学者提出要保证大学生组织功能的有效发挥，必须开展有效引导和适当管理，现有大学生组织管理中的管制模式、指导模式和放任模式都存在一定程度的不足，因此要通过学生组织管理模式的内涵重建，促使学生组织的建设发展从自在状态转为自由状态，从而保证组织的正确发展方向④。

3. 关于大学生组织思想政治教育对策的研究

在对策研究方面，除传统意义上的思想政治教育方法之外，很多学者还针对当代大学组织发展面临的瓶颈问题，结合不同学科视角和理论方法提出了独到见解。有学者认为，高校学生组织已经成为衡量一所大学“育人”水平的重要标尺之一，要实现高校学生组织健康发展的总体目标，必须从鼓励学生组织多元化发展、加强学生组织自治能力和促进学生组织社会化水平三个方面下功夫⑤。有学者在充分调研的基础上，从组织归属的范围和程度两个维度总结了当代大学生组织参与及归属的规律，并通过分析各类型学生组织对大学生成长的影响因素，提出要在引导选择、创新活动、提高效率、提升层次和加强管理等方面强化大学生组织思想政治教育⑥。有学者从组织重构的视角，分析当代大学生组织面临的多样化、社会化、网络化和个性化挑战，提出要从回归主体、回归生活、回归社会三个方面实现大学生组织重构，以

① 黄平．高校学生组织存在的问题与对策．教育与职业，2010（32）．

② 刘宏达．高校学生组织的思想政治教育功能分析．中国青年政治学院学报，2008（6）．

③ 杨国良，于红超．高校学生组织的功能定位与内涵重构．湖北职业技术学院学报，2009（1）．

④ 孙德芬．高校学生组织的功能及管理模式研究．教育与职业，2007（30）．

⑤ 王哲，郭强．我国高校学生组织发展变革研究．学校党建与思想教育，2015（4）．

⑥ 李忠军，张森林．大学生组织归属状况调查研究．中国青年研究，2008（5）．

此开展多样化的咨询活动，提高大学生主体参与意识，推进学生社团健康发展①。有学者立足现代大学制度的研究视域，认为现代大学制度从思想建设、组织建设、制度建设和文化建设等方面对大学生组织的发展提出了新要求。要实现当代大学生组织的创新发展，应着重从科学化的顶层设计、系统性的组织布局、制度化的运行机制、群众性的发展视野和网络化的运营平台等角度出发，探索可行的路径②。还有学者从组织文化建设提出，要遵循学生组织成员愉悦原则，规范学生组织服务行为，建立参与、协作、奉献的组织精神，不断提高大学生组织文化建设水平，促进组织发展③。

4. 关于大学生组织体制机制和运行模式的研究

涉及大学生组织体制机制和运行模式的问题，一般是思想政治教育研究的难点，当然也是真正实现大学生组织建设和长远发展的关键。有学者认为大学生组织建设实质是人力资源管理的问题，大学生组织暴露出的服务意识不强、工作学业失衡、缺乏独立创新等问题，归根结底是制度的问题。因此，要建立大学生组织的牵引机制、约束机制、激励机制和竞争淘汰机制，从不同维度整合和激发学生的人力资源④。有学者将制度变迁理论引入对大学生组织发展的研究，认为研究学生组织制度是枢纽，研究组织变迁是线索，提出当代中国高校学生组织变迁方式存在多元并存、渐进转换和意识先行的特点，要对“学生自治”制度动力重新进行认识，推进大学生组织研究进一步科学化⑤。有学者通过观察现行高校学生组织的运行模式，发现大学生组织存在选拔机制僵化、岗位内涵单一、主动性创造性不强、学生得不到真正锻炼等弊端，提出构建保证学生组织自治性质的运行机制，以此恢复学生组织本来的面貌，更好地促进学生的发展⑥。还有学者尝试重构高校学生组织模式，提出

① 宣勇．挑战与回应：大学学生组织的重构．教育研究，2006（4）．

② 吴晓琴，孙大永．现代大学制度视域下高校学生组织的创新发展．思想政治教育研究，2017（1）．

③ 边婧，宗彪．浅议高校学生组织文化建设．科技信息，2008（27）．

④ 苟国旗．高校学生组织建设的几点思考．西华师范大学学报（哲学社会科学版），2005（5）．

⑤ 尹冬梅．高校学生组织研究：从经验走向科学．思想理论教育，2012（3）．

⑥ 王守刚，封雪，畅军亮．高校学生组织自治运行模式及机制研究．煤炭高等教育，2006（5）．

团队型结构应该成为学生组织发展模式的趋势和方向，不仅有利于大学生身心需求的有效满足，而且有利于组织凝聚力的有效发挥和教育价值导向的有效渗透。同时，该学者还指出了实现大学生组织团队型结构转型的“四步构建法”[①]，对大学生组织思想政治教育研究具有一定参考价值。

此外，还有一些学者对大学生组织的研究十分聚焦，这些研究对本书有着直接的指导意义。如辛立洲主编的《大学生社会学》一书，是国内较早以“群体”概念研究大学生组织的专著，提出从形成历史和社会关系的角度，群体可分为血缘、地缘、业缘、趣缘和志缘群体五种类型，而大学生群体主要以班级为主的正式群体形态和伙伴为主的非正式群体形态存在[②]。栾利杰、孙志芳主编的《大学生学》一书，在对大学生群体进行系统划分的基础上，着重分析了大学生群体的四个基本特征和五项重要功能[③]。包志勤著述的《现代青年组织学》一书，立足青年群体视角，从组织的历史起源到结构行为特点以及变革发展方向，全景式呈现了对青年组织的认识[④]。董新华主编的《大学生行为学》一书，从群体行为入手对大学生群体的结构和功能进行了理论剖析[⑤]。尹冬梅、丁力主编的《中国当代高校学生组织研究》一书，围绕中国高校学生组织溯源、学生组织的现状与运行特征、组织发展路径与功能拓展等问题展开研究，提出：“学生组织的发展状况已经成为衡量一所大学‘育人’成绩的评判尺度之一。”[⑥] 陈莉著述的《中国大学生组织的社会学解读：以H大学为案例》一书，从社会学学科视角出发对我国大学生组织进行了全新解读，提出：“一个好的大学生组织，必然是实现了个人与组织协调发展的组织。”[⑦] 崔海英著述的《大学生非正式组织影响力研究》一书，以大学生非正式组织为唯一研究对象，提出大学生非正式组织与高校正式组织的情感性影

---

① 冯培．从班级到团队：高校学生组织模式的重构．首都经济贸易大学学报，2009（34）．

② 辛立洲．大学生社会学．南宁：广西科学技术出版社，1988．

③ 栾利杰，孙志芳．大学生学．济南：黄河出版社，1990．

④ 包志勤．现代青年组织学．北京：中国青年出版社，1991．

⑤ 董新华．大学生行为学．南京：东南大学出版社，1992．

⑥ 尹冬梅，丁力．中国当代高校学生组织研究．北京：时事出版社，2008：3．

⑦ 陈莉．中国大学生组织的社会学解读：以H大学为案例．北京：中国社会科学出版社，2009：289．

响力的交互功能效应[1]。刘宏达著述的《思想政治教育与大学生群体发展研究》一书，回归思想政治教育学科审视包括大学生组织在内的大学生群体的形成与发展，提出："源于影响的彻底性，使大学生组织在大学生群体中处于基础、核心地位。"[2] 上述研究成果是30多年来多学科研究大学生组织的典范之作，从侧面证明了大学生组织在当前高校思想政治教育工作中日益重要的意义和价值。

应该说，鉴于大学生组织对高等教育发展和青年学生健康成长的重大意义，其受到理论学者和实践工作者的长期关注，尽管研究趋势有高潮有低谷，但并未影响到研究成果的广泛性和丰富性。虽然笔者希望更为充分地呈现关于我国大学生组织研究的现状，但限于资料收集范围和个人能力，只能在一定程度上予以反映。

对照现有的研究成果，我们首先要肯定的是它们对本书的帮助：一是充分论证了大学生组织在大学生思想政治教育中的地位和作用，进一步验证了新形势下继续依托大学生组织开展高校思想政治工作的重要性和必要性，为本书明确了价值导向；二是系统阐释了我国大学生组织的一些基本问题，包括大学生组织的内涵、分类、特征和功能，对组织现象的普遍性、客观性和组织行为的复杂性、主观性进行了较为周延的探讨，这对于准确定位思想政治教育视角下的大学生组织研究提供了理论靶向；三是针对不同类型的大学生组织开展个性化研究，如班级、寝室、团支部、同乡会等等，尤其是结合网络信息化在高校的普及趋势，重点分析了大学生网络自组织的思想政治教育，同时提出了很多有效的教育方法和引导策略，为本书提供了实践支撑。

另外，我们也应该看到现有研究的不足之处：一是从思想政治教育学科出发的研究成果过于集中，部分成果研究层次不高，研究观点存在一定的相似性，且大多停留在宏观分析或现象分析的层面，未能有效地与时代发展和

---

① 崔海英．大学生非正式组织影响力研究．北京：中国经济出版社，2009.

② 刘宏达．思想政治教育与大学生群体发展研究．北京：中国社会科学出版社，2013：114.

大学生实际相结合，提出的对策建议指导性不够、操作性不强；二是从社会学、教育学、心理学和管理学等多学科视角出发的研究成果不够深入，往往仅将大学生组织作为研究对象，就问题谈问题，就理论谈理论，不足以促进学生组织的现实发展；三是缺乏从组织与个体关系出发的研究成果，对学生组织变化趋势的关注不高，对组织个体影响的关照不够，这也正是促使笔者对这一问题进行深入研究的主要动力，笔者试图弥补现有研究的缺憾和不足。

（二）关于感染教育的研究

感染教育是人们受一定感染源感化、熏陶、影响而接受教育的方法。感染源可能来源于环境、主体的人或客观存在的事物，感染教育广泛存在于社会生活的各个角落，包括学校、军营、企业等集体或者特定场景中。对感染教育的研究在不同学科中均有不同程度的体现，且研究者不限于理论工作者，还有相当一部分实践工作者。总的来看，关于感染教育的现有研究内容主要集中在以下两个方面：

1. 关于感染教育的理论研究

在感染教育的理论研究层面，学界最早从 20 世纪 80 年代就给出了感染教育的定义，之后部分学者又围绕感染教育的特征、功能、影响因素和发生机制展开深入探讨。有学者认为“感染式教育”即在思想教育中广泛运用文字、声音、图片、实物、实况等有形信息，设置环境、营造氛围、烘托主题，从而有效地拉近受教育者与教育主题的距离，在潜移默化中丰富感性认识，增进思想感情，深化理性认识①。感染教育具有直观性、潜入性、启发性、科学性等特性。有学者认为感染教育符合大众思想品德形成规律，对增强思想政治效果具有重要意义，是基层思想政治工作的有效方法。感染教育有直观性、渗透性、渐进性等鲜明特点，感染源典型性、感染对象的相似性和被感染者的意识水平是影响教育效果的重要因素，要增强感染教育的实效，必须通过营造良好氛围、提高工作者素质、创新方式方法、与典型教育相结合等

① 白旋．感染式教育漫议．解放军报，2003-07-24.

基本途径来实现[①]。有学者指出道德感染是由于一方敬慕另一方的道德形象而产生高度的情感认同，并导致相应道德行为的过程，具有非逻辑、无规则、超功利等特性和情感强化、深层整合、行为激励等功能[②]。还有学者立足心理学学科，从情绪感染的概念建构出发，认为之所以会产生情绪感染是因为人类具有自动的、无意识的模仿他人的倾向，这种感染在人类个体的早期就已经出现，是人类群居过程中适应环境的一种带有一定本能性的反应。此外，还有学者对情绪感染的发生机制进行了研究，用以解释情绪是如何在人与人之间传递的[③]。

2. 关于感染教育的应用研究

感染教育法是一种特殊且最为有效的思想政治教育方法。在应用研究层面，现有成果主要围绕艺术陶冶、形象感染、人格感化和环境熏陶四个方面进行研究[④]。

在艺术陶冶方面，音乐、美术、影视、文学、传媒等领域均有涉及。有学者提出音乐通过特有的旋律触动人的心灵，具有情绪调节、潜能激发和艺术感染等教化濡染的重要功能，应该通过营造良好社会音乐环境、注重音乐教育开展、加强价值内涵音乐创作等手段更好地陶冶学生情操，实现塑造优良品格、促进身心健康的目的[⑤]。有学者提出优秀的美术作品具有两个方面的重要作用：一是美的享受，二是情的感染力[⑥]。有学者提出影视传媒作为鲜活的艺术表现形式，可以使大学生在充分感知的基础上，为影视内容所吸引，情绪被感染，进入与作品预设审美价值观相应的情感状态，于是理性思索转变为审美的自由亢奋，心灵被撼动[⑦]。有学者提出诗歌的感染力在于创造印象与情调互表的意象，使意境与人的精神境界浑然一体，使人从中受到教育、

---

① 肖翠英. 基层思想政治工作感染教育方法探讨. 广西社会主义学院学报，2011 (3).

② 吕耀怀. 道德感染的特性与功能. 哲学动态，1991 (6).

③ 张奇勇，卢家楣. 情绪感染的概念与发生机制. 心理科学进展，2013 (9).

④ 胡建. 思想政治教育熏陶感染法运用中的问题及对策探讨. 教育文化论坛，2016 (2).

⑤ 范微微. 音乐教化功能分析. 大舞台，2015 (4).

⑥ 李桦. 情的感染，美的享受：略谈力群的版画艺术. 中国美术，2013 (1).

⑦ 贺利. 影视传媒艺术与大学生审美文化教育. 内蒙古师范大学学报（教育科学版），2005 (9).

启发和美的享受①。还有学者提出现代广告必须将情感激发与广告艺术相融合，引起消费者情感共鸣，产生艺术感染，避免机械说明，从而达到强化广告感染力的效果②。

在形象感染方面，有学者结合现代思想政治教育发展实际，提出形象德育是一种新的德育形态，具有感染性、直观性、体验性、示范性等特征，通过模仿、渗透、认知等途径传播思想而成为思想政治教育载体。形象德育的本质在于启迪思想，体现了形象与思想、主观与客观、感性与理性、共性与个性、形式与内容之间的“五个统一”③。有学者提出文艺作品要实现教育人的目的，绝不是靠干瘪的说教，而是要依靠生动具体的艺术形象去感染人④。有学者提出文学作品教学中存在的形象感染，是指师生之间通过形象赏析来进行理论与实践互动，将作家所塑造的艺术形象内涵的思想感情形象化地展现出来，进而更为充分地体现作品的艺术力量⑤。还有学者提出通讯是较为详细和形象报道典型人物、事件的新闻体裁，与消息、评论等不同，通讯体裁的最大特点就是以浓烈的感情打动人，以鲜明的形象感染人⑥。

在人格感化方面，有学者提出要通过感悟、体验等不同的方式，有效把握大学生人格养成的内在规律，以美启真、以美导善、以美怡情，潜移默化地塑造大学生的理想人格。要注重运用寓教于乐、审美实践体验、朋辈互动等切合实际的教育策略，切实强化以大学生人格养成为旨归的美育策略的针对性、实效性⑦。还有学者提出教师是学生现实生活中的精神榜样，教师应注重自身道德修养，着力塑造红烛形象、楷模形象、学者形象和慈母形象，用

① 章亚昕．论诗歌艺术的感染力．东岳论丛，1994（4）.

② 张劲珊．论广告的艺术感染与情感激发．商业经济文荟，2002（6）.

③ 骆郁廷，孙婷婷．形象德育：一种新的德育形态．教育研究，2017（6）.

④ 余之．渲染与感染．电影艺术，1983（1）.

⑤ 孙际垠．略论高校散文鉴赏教学中的形象感染．中南林业科技大学学报（社会科学版），2012（6）.

⑥ 张寅清．以鲜明的形象感染人：通讯写作漫谈之一．新闻爱好者，1993（1）.

⑦ 金昕．以大学生人格养成为旨归的美育策略探析．东北师大学报（哲学社会科学版），2009（3）.

人格力量感染和引导学生健康成长①。

在环境熏陶方面，有学者在突出感染教育过程中环境整合力量的同时，指出良好环境对于高等教育的重要性应该得到全社会的高度重视，要努力实现与教育对象之间的灵魂碰撞②。鉴于环境氛围是感染教育发生的重要基础条件，这里不再做过多的综述。

通过对文献资料的梳理我们可以发现以下几个特点：一是感染教育作为直接有效的教育方法得到了理论界的广泛认可和大力提倡，在新时代党和国家明确提出强化高校思想政治工作亲和力和针对性的大背景下，充分认识感染教育的地位和作用并有意识地运用这一方法显得尤为重要。二是尽管专门针对感染教育的研究成果不多，但对感染教育不同表现形式的研究则相对丰富，尤其是在音乐、美术、文学、影视戏剧等艺术感染领域，很多从事理论教育的实践工作者结合自身专业特色，较好地实现了对感染教育方法的应用，为感染教育的深层次研究提供了大量素材，奠定了良好基础。三是与应用研究相比，感染教育的理论研究略显滞后，鲜有权威研究成果，尚未形成系统完备的感染教育理论。部分已有研究也只是停留在内涵解析层面，缺乏从思想政治教育视角对感染教育本质属性、影响因素和独特功能的深入系统阐释。

（三）关于思想政治教育组织感染性的研究

思想政治教育学科下的组织感染性问题是本书要研究的核心和重点内容，笔者迫切希望能够在前人研究的基础上有所借鉴。

关于“思想政治教育组织感染性”的研究，张耀灿、陈万柏在《思想政治教育学原理》一书中指出：“良好的环境具有感染作用。良好的思想政治教育环境既是一种有形的，也是一种无形的感染力量，使人在不知不觉中受到潜移默化的影响，强化思想政治教育的作用。”③ 这里没有提到组织，而是基于思想政治教育环境加以阐释。郑永廷在《思想政治教育方法论》一书中提

① 王丽萍. 用人格力量感染学生. 河西学院学报（文理综合版），2001（3）.

② 刘献君. 21世纪中国高等教育的走向. 高等教育研究，2000（2）.

③ 张耀灿，陈万柏. 思想政治教育学原理. 北京：高等教育出版社，2001：111.

出过“群体感染”的概念，他认为：“群体感染也叫交互感染，指在一个群体中，受感染体感染的各个个体相互作用、相互影响的状况。这种状况，在日常生活中和思想政治教育中是大量存在的。”[①] 这一观点一方面确认了组织感染的存在，但另一方面又只是将其作为思想政治教育的一般方法提出，并未明确“感染性”的内涵。张耀灿等人在《现代思想政治教育学》一书中，将群体感染作为社会环境感染的主要表现之一提出，认为群体感染是在一个群体中个体之间相互作用、相互影响的状况。朝气蓬勃的集体使人精神振奋，死气沉沉的集体使人心情忧郁[②]。杨芷英在《思想政治教育心理学》一书中明确提出“感染性”一词，但仅限于将其作为思想政治教育心理情境创设的一个原则，没有直接定义和阐释。

与此同时，学者张祺在《情感的感染性与品德教育》一文中明确提出“感染性”概念，认为感染性是道德情感的一种特性，是在一定条件和环境中个人情感感染他人而产生同样情感，反之亦然。根据这种感染特性，人们可以超越时空限制并在一定环境中相互受到情感感染[③]。学者郑国风、郑国桂在《从情绪的交互感染性看教师课堂情绪的调控艺术》一文中提出人与人之间的情绪具有“感染性”，因为发生条件不同，这种感染性存在良性循环和恶性循环，进而出现情绪的交互感染性[④]。学者茅铭晨在《感染方法与大学生思想教育》一文中明确了“感染”与“群体”的关系，他认为感染是个体对某些心理状态无意识和不自觉的易感受性，这种心理状态产生于群体之中[⑤]。学者吴海文在《提高思想政治教育实效性的方法：群体中的模仿与感染》一文中进一步指出，思想政治教育具有榜样示范性与感染性，促使人们模仿并感染，以此提高自身思想境界并付诸实践[⑥]。

---

① 郑永廷．思想政治教育方法论．修订版．北京：高等教育出版社，2010：166．

② 张耀灿，郑永廷，吴潜涛，等．现代思想政治教育学．北京：人民出版社，2006：301．

③ 张祺．情感的感染性与品德教育．体育教学，1990（1）．

④ 郑国风，郑国桂．从情绪的交互感染性看教师课堂情绪的调控艺术．科教文汇（中旬刊），2010（7）．

⑤ 茅铭晨．感染方法与大学生思想教育．学校思想教育，1988（5）．

⑥ 吴海文．提高思想政治教育实效性的方法：群体中的模仿与感染．学理论，2010（24）．

通过文献阅读和资料搜集，我们在这一问题下能够找到的观点也仅限于此，这也再次充分说明对大学生组织思想政治教育感染性问题展开深入研究的必要性。可以说，在思想政治教育学科范畴内专门探讨组织感染性仍属于新视角、新问题，是一线思想政治教育工作者期待和急需的理论参考，须在前人研究成果基础上进行系统提升，存在可观价值和较大进步空间。

四、研究内容与主体框架

全书逻辑结构分为三个部分，共六章。

第一部分为第一章和第二章，主要是对基本概念进行阐释和对相关理论进行溯源。

第一章主要围绕“大学生组织”“思想政治教育感染性”“大学生组织感染性”三个方面进行内涵分析，以层层递进、相依而生的研究进路，逐一破解大学生组织的概念、分类、特征与功能，思想政治教育感染性的方法与特征、主要表现形式，大学生组织感染性的本质属性、影响因素和独特功能。第二章主要探讨大学生组织思想政治教育感染性的理论基础与政策支撑，主要从指导理论、借鉴理论和政策文献解析三个方面，对研究所涉及的理论问题进行了系统梳理，具体包括马克思主义相关理论、思想政治教育接受论、多学科支撑理论、高校思想政治工作与大学生组织建设政策文献解析。

第二部分为第三章和第四章，主要是在大学生组织发展宏观审视与历史溯源的基础上，对思想政治教育组织感染性进行实证分析。

第三章主要是在充分论证大学生组织形成与发展的基础上，承上启下，通过对近代以来我国大学生组织发展的历史背景与组织感染性特征分析，明确新时代大学生面临的时代境遇，摸清大学生组织发展的现状与不足，进而剖析时代背景下个体与组织相互关系的变化，回答开展大学生组织感染性研究的客观环境。第四章是本书的核心章，主要对大学生组织思想政治教育感染性进行实证分析。首先，确立实证研究的原则和方法。其次，在前人研究成果的基础上进一步分析当代大学生组织归属的特点与规律，为组织感染性分析做好铺陈。最后，针对十类高校大学生组织逐一进行组织感染性要素提炼与针对性分析。

第三部分为第五章和第六章，主要是对大学生组织思想政治教育感染性的机理和规律进行呈现，并结合理论指出实践工作的相关路径方向。

第五章在明晰大学生组织思想政治教育感染性现状的基础上，充分利用社会学、心理学、教育学相关理论，总结梳理大学生组织感染性的五项发生机制、五种内在机理和五条一般规律，为接下来基于大学生组织的思想政治教育实践提供理论借鉴。第六章首先立足于大学生组织建设视角，提出优化大学生组织思想政治教育的基本思路；其次从教育者、受教育者和教育载体三个维度提出强化大学生组织感染性的实践路径；最后以“解剖麻雀”的研究方法，对大学生寝室组织案例开展具体分析，提出建议性的引导策略，为思想政治教育提供工作层面的参考。

五、重点难点与创新之处

本书研究的重点是如何在思想政治教育学科范畴内准确界定组织感染性的本质内涵，难点是如何科学呈现大学生组织思想政治教育感染性的内在机理和一般规律。

本书的创新之处有以下三点：一是从理论原点提出思想政治教育视阈下的组织感染性概念，并以遵循学生主体性，同时兼顾组织客观存在性的角度实现对当代高校学生组织的创造性分类；二是从纵向维度全面审视中国大学生组织的形成发展过程，总结梳理不同历史时期大学生组织感染性的基本特征，进而明确当前大学生个体与大学生组织关系的现实样态；三是从横向维度充分运用现代研究方法，全景式呈现现有大学生组织的组织感染性要素分布与排列，将思想政治教育方法论中的感染教育法上升到理论层面展开系统研究并予以有效运用。

六、采取的主要研究方法

大学生组织思想政治教育感染性这一选题是笔者结合实际工作而提出的，

既不是单纯的思想政治教育元理论问题，也不完全是通过实证调研就可以彻底解决的问题。组织感染性研究是对教育现象的深入阐发和教育规律的有益探索，需要在现有学科理论的基础上，借助多学科交叉运用，以实证方法验证假设，进而触及理论前沿，找寻实践出路。因此，本书综合应用多种研究方法，力求能够全面、科学、求实地揭示大学生组织思想政治教育感染性的本质。

（一）文献研究法

理论之所以可以不断前进，根本在于学者的求是精神和接续奋斗。大学生组织和感染性教育研究作为思想政治教育研究的重要组成部分和前沿问题，一直备受学界的广泛关注，尤其是改革开放以来，呈现出线性增长的趋势，相关成果不断丰富和深化。本书通过搜集整理不同学科关于大学生组织及组织感染性研究的学术成果，得到很多有益启迪。一方面，科学把握、选择性借鉴已有的理论与实践观点，包括关于大学生组织的概念分类与历史演进、关于感染教育法与群体感染理论等，为本书提供理论支撑和实践导向；另一方面，立足形势变化，寻得学术进路中的障碍和不足，并在此基础上确立本书的出发点与落脚点，以期有些许创新和突破，进而为思想政治教育一线工作者提供参考借鉴。

（二）实证研究法

实践意义是大学生组织思想政治教育感染性研究的主要宗旨和重要指针，研究成果不光是给教育者看的，更希望是教育者能够使用的“法宝”。因此，本书在研究设计上，着重将大学生组织思想政治教育感染性的本质内涵、发生机制、内在机理和一般规律等核心问题充分置于客观存在基础之上。笔者立足静态分析与动态分析相补充、质化分析与量化分析相统一、个体分析与整体分析相结合的基本原则，通过亲身访谈和切身体验，获取第一手资料，并借助科学分析工具，让实践在预设的理论框架内不断演绎、不断检验、不断呈现、不断走向科学化。此外，本书最终直指大学生组织感染性中的现实问题，总结提出了大学生组织感染性的实践路径，为新时代深入开展大学生组织建设、提升思想政治教育亲和力和针对性提供了理论与实践蓝本。

（三）多学科研究法

大学生组织思想政治教育感染性研究触及社会学、心理学、教育学、管理学、行为学等多个学科领域，笔者从不同视角研究破解大学生组织思想政治教育感染性的内涵、特征、机理和规律等问题，不仅运用了组织社会学、组织行为学的相关理论方法阐释大学生组织的形成发展，还运用到群体心理学、群体动力学的相关理论方法阐释组织感染性的内在机理，较好地体现了思想政治教育学科统领下的相关学科交叉研究，使研究成果的深度和广度更加符合思想政治教育实践和当代大学生群体实际。

第一章

大学生组织思想政治教育感染性的内涵阐释

名不正，则言不顺；言不顺，则事不成。探讨大学生组织思想政治教育感染性的理论结构与实践指针，首先要从科学角度深刻把握大学生组织思想政治教育感染性涉及的一系列核心概念及其本质内涵，这是深入研究思想政治教育组织感染性问题的基础前提，也是强化思想政治教育中大学生组织感染性的现实需要。“大学生组织思想政治教育感染性”是一个创新提法，其中包含“组织”“大学生组织”“感染性”“思想政治教育感染性”“组织感染性”等具体概念。在对核心问题展开系统论述之前，我们有必要对之先进行清楚界定和深入分析。

第一节　大学生组织的基本内涵

在日常生活和社会交往中，对于陌生对象而言，人们首先就要确定“你是谁”，“你来自哪个单位”，身份的辨识往往是通过组织来实现的。对大学生组织思想政治教育感染性进行研究，关键在于完整认识大学生组织的本质内涵，包括大学生组织的概念、大学生组织的一般分类方法、大学生组织与其他社会组织相区别的特征与功能，这是研究的出发点。

一、组织与大学生组织的概念辨析

从自然科学的角度来看，英国生物学家达尔文指出：“人是一种社会性动物。”① 从社会科学的角度出发，恩格斯认为：“以群的联合力量和集体行动来弥补个体自卫能力的不足。”② 因为生存和基本安全的需要，人类结成群体，在此基础上又因为自我发展的需要，比群体更为成熟的组织得以诞生。在这一基本趋势的演变过程中，人类完成了由自然人向社会人的转变，人的社会化开始形成。而在实际的社会生活中，个体人为实现自身生存和发展的需要，必然要选择与其他个体发生实质性的社会关系。从辩证唯物主义来分析，这

① 达尔文. 人类的由来. 潘光旦，胡寿文，译. 北京：商务印书馆，1983：163.

② 马克思，恩格斯. 马克思恩格斯选集：第4卷. 3版. 北京：人民出版社，2012：42.

种社会关系主观上制约了个体人思想和行为的自由化程度，但客观上社会关系又成为满足个体需求，进而实现人的自由全面发展的必要途径。回归到研究的本源，如将这种社会关系聚焦化，便是组织中个体与个体、个体与组织之间的辩证关系，这种关系既是组织存在的先决条件，更是组织发展的本质条件。因此可以说，组织生活是人类生活的基本特征，组织关系是人类发展的基本问题，完整的人不可能脱离组织而存在。

(一) 不同学科对组织的认识

由于人类组织在社会化过程中扮演的重要角色不可替代，对组织的认识是理论界长期关注的现实问题。因为研究的出发点不同，不同学科对组织概念的界定也存在一定差异。社会学强调组织的社会性，认为组织是人们为了达到某种共同目标，将其行为彼此协调与联合起来所形成的社会团体[①]。管理学则强调组织带来的效益与效率，认为组织就是互为影响的一个团队，团队较之个人更易实现组织目标[②]。而心理学更为强调组织对个体意识的影响，认为组织是人们为实现一个共同目标，在思想意识和行为方式上发生相互联系或影响的群体[③]。虽然不同学科在对组织定义的过程中所强调的重点不同，但其本质上是基本一致的，都注意到了个体关系对组织的影响。通过查阅文献，我们并没有发现思想政治教育学科对组织的严格定义，不足以明确提出这种概念。但从认识论的角度，现代思想政治教育学指出，思想政治教育学科以人的思想和行为为逻辑起点。同时强调，思想与行为之间的矛盾是思想政治教育一切矛盾的萌芽。只有既研究单个人的思想和行为的发展规律，又研究和掌握人群之间的思想和行为的横向联系规律，才能统一人们的思想、协调人们的行为，使大家同心同德、团结一致，实现共同的奋斗目标，从而体现思想政治教育的功能和价值[④]。这让我们从侧面认识到，思想政治教育中个体思想与行为之间的矛盾的集中就应该是思想政治教育视阈下的组织。因此，

① 于显洋. 组织社会学. 北京：中国人民大学出版社，2016.
② 安鲁特，杜柏林. 管理学精要. 胡左浩，郑黎超，译. 北京：电子工业出版社，2007.
③ 李宁. 群体心理学. 广州：暨南大学出版社，2000.
④ 张耀灿，郑永廷，吴潜涛，等. 现代思想政治教育学. 北京：人民出版社，2006.

本书认为思想政治教育学科强调的组织，是在一定的思想政治教育目标驱动下，相对聚合的个体与个体思想行为矛盾的集中反映与有效引导过程。

（二）大学生组织的概念

现代社会的发展在不断印证组织生活给个体思想和行为方式带来的影响。从宏观视角来看，社会环境从不同维度将人们界定在不同的群体中；从微观视角来看，人们在日常学习生活中因社会关系又缔结形成了各种各样的组织，也就是自己的“圈子”。大学生作为社会人的一部分，既被社会组织所“吸收”，同时又拥有属于自己的校园组织。本书强调的学生组织是指学校根据教育教学实际需要，依法设立的具有一定教育管理功能的，或是由学生根据自身价值追求、成长需要、兴趣爱好、行为特点而自发建立和自主选择的，具有一定组织特征的群众性团体。根据上述基本描述，可对大学生组织做如下定义：所谓的大学生组织，是指在思想政治教育过程中，以组织成员某种共同需求为目标，由一定数量的在校大学生组成的，具备组织特征与组织规范的，旨在实现学生自我教育、自我管理和自我服务并体现一定思想政治教育功能的集合体。其广义上涵盖大学生参加的所有校内外组织，狭义上专指大学生参加的校内组织。本书主要以后者为研究对象。

此外，为明确研究的指向性，准确划定研究的范围，突出研究的重点，我们还应对思想政治教育中经常出现的与大学生组织相近的概念进行区分，主要涉及“大学生群体”和“大学生集体”。在《辞海》中，“群体”是指由许多有共同点的人或物组成的整体①。“集体”是指有组织的群体②。“组织”是指按照一定的宗旨和系统建立起来的团体③。三者的相似之处在于，它们都是由一定数量的个体通过不同方式结合成的集合体。区别在于，“群体”是一个相对宽泛的概念，一般情况下包含了集体与组织的范畴；“集体”虽与组织概念相近，但往往边界较为模糊，很难清楚划定；“组织”是群体发展的高级形式，从组织社会学的角度看有其明确的构成要件。换句话说，“组织”一定是“群体”“集体”的组成部分或者其本身，但不是所有的“群体”“集体”

①②③　辞海：缩印本. 6版. 上海：上海辞书出版社，2010.

都可称为组织。因此，尽管上述三个概念存在日常使用上的并列交叉，但从思想政治教育感染性研究的科学性和严密性出发，“群体”和“集体”概念并不适合它。

（三）构成大学生组织的基本要素

在思想政治教育的认识范畴内，构成一个完整有效的大学生组织还需要具备以下几个要素：一是明确的组织目标。组织目标是组织存在的灵魂。大学生组织的目标，一方面要全面反映大学生群体的成长需求，另一方面还应具备思想政治教育的基本功能，二者相依而生，缺少任何一个层面的目标指引，都可能造成组织目标的偏离。二是和谐的组织关系。这种组织关系外化为组织规约与组织制度，内化为个体与个体、个体与组织、组织与个体的本质联系。大学生组织关系的状况直接决定着组织感染性的有效发挥。三是先进的组织文化。组织文化是涵养组织发展、影响组织成员相互关系的重要因素。高校学生组织的文化有着教育引导与约束激励功能，是组织赋予个体成长动力的关键。四是有效的组织活动。组织活动是组织生命力的体现，是强化大学生组织归属感的主要手段。有效的大学生组织思想政治教育活动可以寓教育于无形，潜移默化地感染和影响大学生。五是积极的组织影响。创建任何形式的大学生组织的最终目的都是要使其发挥应有的作用。从思想政治教育者的角度来看，大学生组织的影响是思想政治教育功能的体现，是提升思想政治教育效率的途径。从受教育者的角度来看，组织影响一方面是对外的，更为重要的是组织个体之间在思想和行为上的相互影响。当个体主观意识到组织对他自身需求的满足或是价值观的积极影响时，组织存在变得有意义；当个体意识到他人经由组织正面影响自己或是自己经由组织正面影响他人时，一个完整有效的大学生组织得以真正形成。上述过程也正是大学生组织思想政治教育感染性实现的关键。

本书以“大学生组织”为研究对象，主要有以下几方面考虑：第一，大学生组织是党和国家实施教育方针政策的明确对象，是高校开展思想政治工作的重要载体和依托；第二，大学生组织具备明确的思想政治教育目标，直接体现大学生的现实需求；第三，组织通常具备相对合理的结构和相对规范的制度或约束，其组织成员相对稳定，是验证思想政治教育感染性的最佳平台；第四，大学生组织建设是新时代完成立德树人根本任务、推进高校治理体系和治理能力现代化的重要体现，对高等教育发展和学生成长成才意义重大。

二、大学生组织的分类与特征

大学生是高校的主体，大学生组织是高等教育组织架构的重要组成部分。对高校现有大学生组织进行系统科学的分类是开展深入研究的前提，可以使研究更具针对性。分类是社会科学研究的主要方法之一，其本身并不存在最好的结果，只是根据研究需要而采取的主观界定，因此不同学科、不同学者都有自己的看法和标准。

（一）大学生组织的常见分类方法

一般而言，高校大学生组织的构成主要包括学生党支部、学生团支部、学生会（大学生联合会）、学生社团、年级集体、班集体、学生寝室、同乡会、联谊会、学生科研团队、学生创业团队、大学生主题工作室、大学生艺术团、学生体育运动队、大学生志愿服务团体、勤工助学中心、校园媒体和网络自组织等等。随着时代的发展和进步，大学生组织形式在不断地发生变化。长期以来，学者们对大学生组织进行过多种分类尝试，观点较为集中的有：一是根据成员规模划分为大型组织和小型组织；二是根据成员间的亲疏程度划分为初级组织群体和次级组织群体；三是根据结构特征划分为正式组织和非正式组织[①]；四是根据作用性质划分为功能型组织、项目型组织和兴趣-友谊型组织[②]。

（二）本书采取的分类方法

根据研究需要，本书采取了一种遵循学生主体性，同时兼顾组织客观存在性的全新分类方法，将现有大学生组织分为既定选择型组织、体制约束型

① 孙其昂．社会学视野中的思想政治工作．北京：科学出版社，2017：123.

② 李忠军，张森林．大学生组织归属状况调查研究．中国青年研究，2008（5）.

组织、需求导向型组织、任务达成型组织和要素集聚型组织五个大类。

一是既定选择型组织。既定选择型组织属于正式组织，是指在学校党委、团委直接领导下的学生组织，其组织目标明确，组织规范严格，组织稳定性最强。从学生主体选择的角度来看，既定选择型组织具有局限性特点，代表性组织为大学生党支部、党小组、大学生团支部、学生会、学生社团联合会等。

二是体制约束型组织。体制约束型组织也属于正式组织，是指在学校行政管理体制下，出于教育教学需要而预先设定的学生组织，其组织目标明确，组织规范健全，组织稳定性较强。从学生主体选择的角度来看，体制约束型组织具有唯一性特点，代表性组织为大学生班集体、大学生寝室、大学生学科专业组织、大学生年级组织等。

三是需求导向型组织。需求导向型组织属于非正式组织，是指大学生根据自身成长成才需要，或学习、生活、兴趣取向，依法自主设立的学生组织，其组织目标不明显，组织规范不完善，组织及组织成员稳定性较弱。从学生主体选择的角度来看，需求导向型组织具有多样性特点，代表性组织为大学生社团、大学生志愿服务组织、大学生支教团、大学生艺术团、大学生体育运动队、大学生勤工助学中心等。

四是任务达成型组织。任务达成型组织属于多元结构组织，是指部分具备一定专业技能的大学生群体，在相关教师的指导和培训下，以完成团队既定目标为宗旨而创设的一类学生组织，其组织目标明显，组织规范依靠团队任务形成凝聚力，组织及组织成员基本可以实现有序流动。从学生主体选择的角度来看，任务达成型组织具有目标性特点，代表性组织为大学生科研团队、科研项目小组、大学生创业团队、大学生工作室、校园广播站、校园电视台、校园平面媒体、大学生网络信息研发运营中心等。

五是要素集聚型组织。要素集聚型组织属于群众性组织，是指一部分具有相同身份特质、思想特质、行为特质的大学生，通过要素集聚方式自然形成的学生组织。从组织构成的基本要素来看，这类组织一般不着重强调组织的宗旨和目标，自发性与自律性是约束组织的主要手段，有组织规范但不形成制度，组织的稳定性最弱。但与此同时，这类组织因承载大学生最朴素的精神追求和向往，又表现出较强的和谐关系。从学生主体选择的角度来看，要素集聚型组织具有自然性特点，是思想政治教育重点关注和有效利用的大学生组织，代表性组织为大学生同乡会、学生联谊会、大学生网络自组织等。

对大学生组织进行分类是为了更好地认识组织，但并不能改变组织的现实样态。思想政治教育要结合不同类型的大学生组织的特点，坚持分类指导、因材施教、因势利导，充分发挥其在立德树人中的积极作用，努力规避其对大学生健康成长的不利影响。

（三）大学生组织的基本特征

物以类聚，人以群分。每一名大学生在校学习生活期间，几乎都会归属于特定的学生组织。认识思想政治教育个体对象时，要充分借助大学生组织这一有效途径，通过对学生组织特征的把握来更加全面地了解大学生群体的特点与大学生个体的变化，这是思想政治对象研究的基本思路和科学方法。高校学生组织隶属于社会组织的一部分，具备社会组织的一些基本特征。除此之外，大学生组织还有一些与一般社会组织不同的特征表现。

一是组织的多样性与层次性。大学生是青年群体的典型代表。在“导论”部分我们提到，处于成年早期的大学生更需要在原生家庭之外探求情感归属，获得亲密依靠，从而摆脱孤独感，加之高校是社会中思想自由、文化多元集中呈现的高地，大学生又兼具思维敏锐、精力充沛、勇于探索的年龄特质，因此，在主观心理需求和客观环境影响的共同作用下，高校学生组织呈现出明显的多样性特征。另外，受高校学科、院系、专业、年级和党团组织垂直领导体制的影响，大学生组织又具有层次性特征。这种层次性体现在正式组织中表现为科层制特点，如各级团组织、各级学生会等；体现在非正式组织中则表现为代际性特点，如不同年级大学生在组织中承担的角色任务不同。

二是结构的固有性与不稳定性。大学生组织的固有性特征是指出于高校行政管理和教育教学的实际需要，一部分大学生组织的表现形式和内在结构是不可更改的，类似于前文在组织分类中提及的既定选择型组织和体制约束型组织，如党团组织、班级和寝室等。当前，大学生组织的固有性特征带来的最大问题就是相应组织的功能弱化。而大学生组织的不稳定性表现在三个方面：(1) 部分组织在发展过程中吸引力与感染力逐步弱化，组织成员选择主动退出或被动流出，组织本身也失去生存基础。(2) 组织成员正常毕业导致组织核心缺失，组织无法维系。(3) 组织软环境建设不足，组织文化和组织活动没有得到有效传承，组织活力丧失。

三是成员的同一性与交叉性。大学生组织的同一性主要是指组织成员的一致性。一般情况下，高等教育对象有明显的年龄范围，大学生组织成员在思想、认知、行为表现方面趋于同化，青年人所具有的身心发展特点和社会化特点，必然会反映到学生组织本质特征及活动方式上来，有利于组织感染性的朋辈影响。大学生组织的交叉性特征既涉及组织本身，也涉及组织成员。高校学生组织不受社会组织规范的强制约束，为实现思想政治教育的不同层次目标，很多学生组织是交叉存在的，如班级团支部和班集体。同样，大学生在校学习生活期间，学生个体由于需求的多样性和阶段性，不可能只参加一种学生组织，各级各类学生组织中的成员也是交叉存在的，组织的感染性也是交叉体现的。

四是文化的活跃性与前喻性。大学生组织文化的活跃性是基于大学生群体特点提出的，是其他社会组织所不完全具备的。大学阶段处于世界观、人生观、价值观形成的特殊时期，大学生的社会规范意识尚未定型，思想行为较少受到现实条件的约束，这使得大学生组织呈现出特有的生机与活力，组织文化也呈现出极强的活跃性。另外，大学生组织往往蕴含着超越或影响较高层次社会组织的潜力和能量，我们称之为学生组织的前喻性特征①。前喻性即前喻文化，又称前象征文化，是美国著名人类学家米德提出的“三喻文化”之一。伴随“00后”大学生进入校园，大学生组织的前喻性特征体现得更为明显。这一组织特征与青年学生所具有的社会过渡和指向未来的群体特质有

---

① 尹冬梅，丁力. 中国当代高校学生组织研究. 北京：时事出版社，2008：5.

着直接的内在联系。

三、大学生组织承载的主要功能

大学生组织作为高校组织结构的重要一环，长期发挥着联系学校和广大学生的桥梁纽带作用。大学生组织功能的发挥是大学生组织自身价值的体现，是在高校思想政治教育工作中的具体运用。高校学生组织与其他社会组织相比，因其本质内涵与要素特征不同，具备一些独特的功能，具体包括以下四个方面：

（一）价值引领功能

大学生组织作为高校开展思想政治教育的主要载体和重要依托，其首要功能就是价值观的引领。群体价值观形成与个体价值观形成有着本质区别，正确的群体价值观可以纠正个体价值观的偏差，从而实现对组织成员价值取向的规范作用。与此同时，优秀的大学生组织依靠其强大的组织凝聚力和组织感染性，可以不同程度地放大价值观引领的效应。具体来讲，一是对理想信念的引领。大学生组织中的党团组织往往吸收了学生中的绝大部分先进分子，其在理念信念引领方面的功能不可替代。二是成长动力的引领。大部分学生组织是基于大学生群体自我需求而创立的，其在满足学生情感交往需要和社会认同需要的同时，更多服务于大学生的成长需要。三是创新意识的引领。特别是在一些专业性较强的科研创业组织中，大学生组织引领创新意识的功能尤为突出。

（二）教育管理功能

大学生组织作为高校各类具体工作在学生中的直接“传播者”、“组织者”和“执行者”，发挥着重要的教育和管理功能，是学校管理者、辅导员班主任以及专业课教师的有力抓手。首先，大学生组织有利于教育教学的深入开展。学生组织作为课堂教学和学校育人的一种延展，是大学生“第二课堂”的重要组成部分，更是实现从理论向实践转化的有效途径，利用好大学生组织可以有效提高工作覆盖面。其次，大学生组织有利于师生信息的畅达沟通。学生组织可以将群体或个体的利益诉求及时“向上”传递，维护大学生的合法权益；学校则可以通过组织“向下”准确掌握大学生的思想动态以调整工作思路。最后，大学生组织有利于保持高校的和谐稳定。学生组织可以通过组织活动强化大学生个体对学校的满足感、归属感和荣誉感，引导成员保持健康向上的心态，促进优良校风学风的形成，构建和谐校园文化。

（三）“领袖”培养功能

纵观世界历史，高校学生组织对青年“领袖”型人才的培养具有悠久传统和丰富的可考资源。众多引领社会发展的各界精英大多成长成熟于青年时期的学生组织，学生组织成为塑造突出人才的重要摇篮。大学生组织的这一功能具体体现为：一是汇聚优秀人才。尽管我国高等教育早已实现从精英化到大众化的跨越，但大学生组织吸纳的成员仍然是优秀人才，这种人才汇聚功能本身就是学生组织的巨大优势。二是提高个人素质。大学生在学生组织中可以实现全方位的历练，包括组织管理能力、专业技术能力、协调控制能力以及开拓创新和无私奉献精神。三是储备未来领导者。不同类型的大学生组织都有一定数量的“核心人物”，这些大学生或是组织的发起者，或是组织的经营者，或是组织的传承者，他们的存在是组织的“灵魂”，他们未来更可能是社会的领导者。

（四）服务社会功能

伴随经济社会的不断发展，社会服务成为高校的主要职能之一。高校学生组织也越来越多地参与社会活动，并与社会群体机构保持密切联系，充分发挥自身优势开展有益活动，逐步成为连接大学生与现实社会的结合点。一是引领社会风尚。大学生群体有着较高的社会认可度，具有公益性质的大学生组织可以通过支教、支农、支边等志愿服务活动引领全社会培育和践行社会主义核心价值观。二是提升社会认知。大学生普遍具有相关专业的知识与技能，结合学生组织开展的知识普及性宣传活动，有效提升了社会大众对法律、健康、安全等方面的认识。三是促进社会发展。在重大事件与重大活动中，大学生组织是可以依靠的重要力量，如北京奥运会和上海世博会的赛会服务团队、汶川大地震的心理援助团队等，都发挥了不可替代的作用，得到了社会的广泛认可。

第二节　思想政治教育感染性的基本内涵

“感染”是一个耳熟能详的汉语词汇，是我们在学术研究和日常生活中经常使用的一种表达。欲理解思想政治教育感染性的基本内涵，首先要明晰“感染”究竟为何物，一般在哪些情境和范围内使用，而后沿着“感染性”“思想政治教育感染性”的既定研究路线，在思想政治教育学科内加以辨析。

一、感染及其衍生词汇的词源辨析

“感染”（infect）一词最早源于西方医学术语，亦称“传染”或“浸染”，原指病原体侵入机体，并在体内生长繁殖，致使正常机体的结构功能、新陈代谢受到破坏，进而引起组织病变的病理反应。该词汇进入现代语境后，词义出现了引申和拓展。《辞海》对“感染”一词的引申界定是：“因语言或动作行为引发他人产生相同的思想感情。”[①]《现代汉语词典》的解释是：“通过语言或行为引起别人相同的思想感情。”[②] 可见，《辞海》与《现代汉语词典》对“感染”一词的释义基本一致，这种词义正是本书所指。

“感染力”（infectivity）是在“感染”基础上衍生出的一个名词词汇，同样源于西方的医学领域，意为“病原体引起宿主扩散疾病的能力”。“力”有能力的意思，“感染力”强调感染的“力量”或“能力”，汉语引申之后也同样可指通过语言或行为引起别人相同的思想感情的能力。比如，我们在日常生活中经常提到经典文学、艺术形象、影视作品带给人们强烈的感染力。再比如，《关于加强和改进新形势下高校思想政治工作的意见》提出：“创新教

① 辞海：缩印本. 6版. 上海：上海辞书出版社，2010：557.

② 中国社会科学院语言研究所词典编辑室. 现代汉语词典. 6版. 北京：商务印书馆，2012：424.

学方法，增强教学的吸引力、说服力、感染力。”《关于进一步加强和改进大学生思想政治教育的意见》指出，“努力提高思想政治教育的针对性、实效性和吸引力、感染力”。上述提及的“感染力”，都是采用了汉语引申义的表达。

“感染性”（edification）是本书锁定的核心词。“性”是指性质，指事物所具有的本质特点。“感染性”重在强调“通过语言或行为引起别人相同思想感情的本质”。从心理学层面分析，感染性是人的一种同化反应形式，是个体对他人和特定情境自觉地产生共鸣或类似的心理状态。从词汇学的角度来看，上述对感染性的描述只是一个基本定义。本书所要研究的大学生组织思想政治教育感染性，实际上是专指通过“大学生组织”的目标、功能、环境、文化氛围以及组织成员之间的价值导向而“引起别人相同的思想感情”的本质。所以说，笔者对“感染性”概念的外延进行了收窄化应用。另外，“感染性”与“感染力”有本质的区别：“感染性”是感染教育的本质特点，包括感染教育的目标、内容、形式及取得的实际效果；而“感染力”是在思想政治教育中运用感染教育方法取得的教育效果，重在感染教育的程度体现。因此，“感染力”仅是“感染性”研究的一个具体方面。

二、感染性教育的学科界定

对同一个学术概念，不同学科受知识结构的影响，往往有不同的理解。本书立足于思想政治教育学科视角来研究感染性，就应充分运用思想政治教育的基本原理和方法论来对感染性的内涵进行阐释，探索构建思想政治教育认知逻辑下的感染性理论。

本书在这里需要再次明确一下思想政治教育学科的几个基本问题。思想政治教育的本质是社会或社会群体用一定的思想观念、政治观点、道德规范对其成员施加有目的、有计划、有组织的影响，使他们形成符合一定社会、一定阶级所需要的思想品德的社会实践活动①。大学生思想政治教育面向的教育对象是大学生，教育的目的就是要运用一切有利手段促使大学生形成符合

① 陈万柏，张耀灿. 思想政治教育学原理. 2版. 北京：高等教育出版社，2007.

新时代中国特色社会主义阶段特征的思想品质，化解当代大学生日益增长的成长成才需要与思想政治教育发展不平衡不充分之间的矛盾。而要在思想政治教育过程中解决这个矛盾，就必须借助一定的活动载体、互动手段等“介体”因素。这种“介体”可以是方法，也可以是环境；应该是传统的，更应该是创新的。但无论是什么样的存在方式，都应以运用恰当和效果显著为基本原则，使教育者便于掌握，受教育者乐于接受。笔者认为，思想政治教育感染性就充当了这一重要角色。

张耀灿等人认为，思想政治教育感染性是思想政治教育环境的功能之一，即环境的感染功能。所谓思想政治教育环境的感染性，是通过暗示、模仿、从众、集群、舆论等群众心理的影响和作用约束与规范人的行为①。在网络信息化高度发达的今天，信息传递呈现出“简单粗暴”的特点，人们更乐于在环境中接受简单直白、冲击力大、感同身受的影响。利用思想政治教育环境去陶冶人的情操、感染人的情绪，可以化繁为简，直接作用于人的直观感受。

郑永廷认为，感染教育法是思想政治教育的一般方法之一。感染教育法也可称为隐性教育法，是人们在无意识和不自觉的情况下，受到一定感染体或环境影响、熏陶、感化而接受教育的方法②。相对于其他思想政治教育方法而言，感染教育法基于情感激发条件，具备形象生动、潜移默化等优势。思想政治教育感染教育法在军营和校园中的应用最为广泛。

杨芷英认为，感染性是思想政治教育心理情境创设的原则之一。由于传统灌输式的思想政治教育极易引发教育对象在情绪上的抵触和心理上的逆反，因此教育者要通过问题情境、生活情境和愉悦情境的创设，满足青年学生群体求新、求异、求变的心理需要，营造引人入胜、动人心魄、寓教于乐的教育情境，引发他们对教育内容的兴趣，提高教育对象的接受程度，从而强化教育的感染性③。对于这种因心理情境创设引发的教育感染性，学习理论中的强化作用律与效果律有过明确的实验结论，教育者满意与不满意的情绪体验

① 张耀灿，郑永廷，吴潜涛，等．现代思想政治教育学．北京：人民出版社，2006.

② 郑永廷．思想政治教育方法论．修订版．北京：高等教育出版社，2010.

③ 杨芷英．思想政治教育心理学．修订版．北京：中国人民大学出版社，2014.

可以使教育目标向两个极端发展。

白显良认为，感染是隐性思想政治教育运行机制的一种。在隐性思想政治教育过程中，教育者往往借助于一定情境和氛围的营造而影响受教育者，其教化机制之一就是感染①。隐性思想政治教育中的感染，从教育主体的角度讲，就是要通过某种间接方式将这种思想意识和行为方式的一致性传递出去；从教育客体的角度讲，就是在主观上没有明确意识或感知的条件下，接受这种情感体验层面的一致性，并激发客体自身的心理共振与情感共鸣。

三、思想政治教育感染性的实践方法与基本特征

思想政治教育感染性的内涵决定了其独特的实践方法与基本特征，掌握感染性教育的这些基础理论，可以在日常思想政治教育中加以更好地利用。

（一）思想政治教育感染性的实践方法

前面我们提到，感染教育本身就是思想政治教育的一种方法，是思想政治教育实践的具体应用。方法本身还存在一种实施路径的问题，思想政治教育感染性的方法就是实施路径，其目的是以不同的教育方式，使教育对象在心理上处于思想政治教育信息接收的最佳状态，在情感上处于平和、放松、愉悦的体验中，从而更为有效地实现价值观引导。感染性是开放性的教育方法，可以贯穿于思想政治教育的其他方法之中，同其他方法结合运用。具体来讲，有以下几点：一是以情动之。情是情绪，动是感动。从情感出发开展大学生思想政治教育是感染方法的基本逻辑，将教育内容以感性方式呈现出来契合了青年学生的阶段特征和思维方式，可以解其惑，通其心，正其道，善其行。二是以理晓之。理是道理，晓是明白。当前高校思想政治理论课改革的主要方向就是用“以理晓之”的方法感染学生，让马克思主义同新时代中国特色社会主义伟大实践结合起来，察实而知情，循理而行术，使学生感同身受，感染认同。三是以行导之。行是行为，导是引导。传道者自己要明

① 白显良. 隐性思想政治教育基本理论研究. 北京：人民出版社，2013.

道信道，教育者要先受教育。要以自身的先进思想和模范行为来感染大学生，增强思想政治教育的吸引力和亲和力，如春风化雨，育人于冰溶冻解。

（二）思想政治教育感染性的基本特征

思想政治教育感染性较其他思想政治教育方法而言，有以下五个基本特征：一是自然性。感染性教育多在个体“无意识”的心理状态下进行，感染过程的最佳效果就是“润物细无声”。二是隐蔽性。教育者在准备开展感染性教育之前，就应当充分明确感染性教育的背景、环境、人群，设计好感染性所要传递的思想、行为和价值观，将教育目标隐藏在学生情感激发的一刻。三是情绪性。情绪因素作为感染性教育的本质内涵，是区别于传统说教模式的重要标志，也是思想政治教育感染性的独特优势。四是群体性。感染性教育不仅针对个体，还可能在个体之间产生连锁性感受反应并引起群体情感共鸣，最终改变群体中个体的思想或行为。对于这一特征，本书将在后续内容中加以详细论述。五是方向性。在感染性教育过程中，教育对象受感染源感染可能发生不同方向的感染效果，我们称之为感染性教育的“矢量效果”。换句话说，感染性教育有好坏之分，思想政治教育要着力促进正向感染发生，防止负向感染出现。

四、思想政治教育感染性的主要表现形式

按照不同的感染内容和活动方式划分，思想政治教育感染性主要包括情绪感染、形象感染、艺术感染和群体感染四种表现形式。

（一）情绪感染

情绪感染是思想政治教育感染性的基础表现形式，也是最为普遍的感染性体现。情绪感染是指在思想政治教育中，通过社会舆论和思想潮流影响人们的情绪情感，进而形成对价值取向和社会风尚的选择[①]。在人类所生存的社会环境和生活环境中，任何细微变化都可能带来情绪上的感染，这种作用在大学生群体中更为明显。比如，美国轰炸中国驻南斯拉夫大使馆引发学生的

---

① 张耀灿，郑永廷，吴潜涛，等. 现代思想政治教育学. 北京：人民出版社，2006.

爱国情绪感染，党的十八大以来的高压反腐态势引发学生的正义情绪感染，高等学校排名引发学生的荣誉情绪感染，等等。

（二）形象感染

形象感染是较为具体化的思想政治教育感染性表现形式，是指以相对直观生动的典型人物或重大事件实现对人们情绪情感的激发，引导民众体验、感受、学习或效仿积极正面的社会行为与社会规范。形象感染主要依靠形象自身的内在感染力，具体包括：人物感染，如学习时代楷模黄大年“心有大我、至诚报国”的精神；场景感染，如参观浙江嘉兴南湖红船；事件感染，如亲身体验汶川大地震抗震救灾过程；另外，优秀教师和优秀大学生代表更是以“身边人、身边事”的形象在发挥思想政治教育的感染作用。

（三）艺术感染

艺术感染是思想政治教育感染性中内容最为丰富、体验最为多元的表现形式。艺术本身所涵盖的领域十分广泛，音乐、舞蹈、戏剧、电影、电视剧、晚会、美术、雕塑、文物、诗歌、文学、书法等文艺形式和文艺作品都可以给人以影响和感化。艺术感染以对受教育者美的欣赏、想象和创作来实现大学生美育，引导学生体悟和追求真、善、美，有助于树立正确的世界观、人生观和价值观。举个例子，近年来围绕重要时间节点拍摄的影视作品《建国大业》、《建党伟业》和《建军大业》就是艺术感染的经典之作。

（四）群体感染

群体感染是思想政治教育感染性发生的重要条件之一，同时也是较为常见的表现形式。群体感染也可称为交互感染，是指在一个群体中，受感染源感染的各个个体相互作用和相互影响的情况①。群体感染的实质是群体中个体与个体思想意识或行为方式的传导过程，这种过程可以加速或者延缓情绪情感的蔓延，而加速或延缓取决于群体中大多数个体对感染源内隐价值的判断

① 郑永廷．思想政治教育方法论．修订版．北京：高等教育出版社，2010.

和认同。如在一场足球世界杯比赛中，非参赛国球迷极有可能受一方比分落后或场上形势变化而选择支持另一方取胜。

第三节 大学生组织感染性的基本内涵

马克思、恩格斯在《德意志意识形态》一文中指出："只有在共同体中，个人才能获得全面发展其才能的手段，也就是说，只有在共同体中才可能有个人自由。"① 思想政治教育感染性适用于所有的表现形式，但在大学生群体中效果尤为突出，这不仅取决于大学生的个体发展水平和情感体验能力，更因为大学生在校学习生活的集体化要求导致组织化程度较高，具备情感激发的良好条件。我们常常会发现这样一种现象，思想越是有感染性，组织必然越有力量，一个思想积极上进的团支部入党申请率可以达到100%，一个学风优良的班集体奖学金获得率可以达到80%以上，一个向上和谐的寝室能够实现全部保研。应该说，没有群体存在的个体教育不能称为组织感染性教育，组织感染性是思想政治教育感染性发生的最优条件和最重要形式。

一、大学生组织感染性的本质属性

对大学生组织感染性本质属性的分析，要做出一个带有前提性和决定性的解释，那就是在思想政治教育的过程中，到底是组织本身在感染学生，还是组织文化在感染学生，或是组织中的个体在感染其他个体。应该说，组织本身是一个"人的集合体"的概念，是在群体基础上发展而来的范围属性标签，其本身没有思维与意识，必然不存在感染性作用。组织感染性的过程实质上是组织在长期运行中，由组织中众多个体在一定价值观引领下，形成了排他性的组织文化，这种文化反作用于组织的发展方向，进而作用于组织中的个体，或者是在同一组织中，与具备一定特质的组织个体长期交往、交流，

① 马克思，恩格斯. 马克思恩格斯选集：第1卷. 3版. 北京：人民出版社，2012：199.

受到潜移默化的影响，改变其思想与行为方式。上述两种情况均属于组织感染性研究范畴。因此，本书认为是组织文化和组织个体在承担组织感染“任务”，而并非组织本身。关于组织感染性的本质属性，具体要从两个方面来看：

一方面，要再次强调个人与社会的关系。个人与社会是思想政治教育学基本范畴的第一关系，是学科内一切研究的出发点，更是本书研究的逻辑起点。马克思指出，“人是一个**特殊**的个体，并且正是他的特殊性使他成为一个个体，成为一个现实的、**单个的**社会存在物”[①]。与此同时，“人的本质不是单个人所固有的抽象物，在其现实性上，它是一切社会关系的总和”[②]。两段论述辩证地解释了人与社会的存在关系，即人一定生活在一定的社会关系当中，社会之所以成为社会又是因为无数个体人的社会关系联结所致，因此两者互为存在。在探究人的思想和行为变化时，不仅要看到个体的存在，还要充分关照个体背后的社会关系。同样，在大学生思想政治教育中，由大学生个体社会关系缔结形成的大学生组织时刻影响和制约着教育的作用，这种作用具体体现为个体与组织、个体与个体、组织与个体之间的关系，而大学生组织感染性的本质就蕴含在上述三者关系及其衍生的影响因素之中。由此可见，个人与社会这一对范畴规定着大学生思想政治教育组织感染性的任务。

另一方面，要了解和掌握基于情感的心理共振原理。在心理学中，心理共振是指人与人之间在需求、认知、情感、志趣等方面的一致性和共鸣体验[③]。这其中，一致性是心理共振的前提和条件，共鸣体验是心理共振的结果，个体与个体在上述方面的一致性程度决定了从心理共振到心理共鸣的达成速率。在思想政治教育的过程中，如果教育主体与教育客体之间在感情上互纳、思想上统一、认识上一致、行为上互赏，就可能实现心理共振。思想政治教育中的心理共振，关键取决于情感因素，因为思想政治教育本身就是

① 马克思，恩格斯．马克思恩格斯全集：第3卷．2版．北京：人民出版社，2002：302.

② 马克思，恩格斯．马克思恩格斯选集：第1卷．3版．北京：人民出版社，2012：139.

③ 杨芷英．思想政治教育心理学．修订版．北京：中国人民大学出版社，2014：117.

一个情感交互的过程。列宁指出：“没有‘人的感情’，就从来没有也不可能有人对于真理的追求。”① 情感最突出的特征就是感染性，人与人之间的情感可以实现相互感染，当群体中的某一个体产生一种情绪时，会通过感染性迅速传递给其他个体，使之发生相同的情绪体验，反之亦然。通过情感共鸣形成的思想政治教育心理共振一经出现，教育主体与教育客体就会强化彼此之间的信任和吸引，进而达到影响与改变。假如走向另一个极端，我们称之为心理对抗，教育就会遇到相应的阻碍。上述对于心理共振的思想政治教育过程描述，是对组织感染性本质属性的又一有力释义，其中的教育主体还有另一种身份的转换，即组织中的其他个体，这种“客主”转化我们会在后面组织感染性的机理中详细阐述。

综上，本书对大学生组织思想政治教育感染性的基本定义是：在思想政治教育的过程中，大学生个体在相对无意识的心理状态下，被组织所传递的某种观念、情绪、信息、行为瞬间激发或长期影响，导致组织个体或个体之间产生连锁性感受反应并引起情感共鸣，最终改变个体思想或行为的过程。组织思想政治教育感染性以受教育者的无意识接受为前提，以情绪传递为媒介，以情感共鸣为关键，感染效果存在积极和消极两个方面。

二、大学生组织感染性的影响因素

对大学生组织感染性影响因素的把握是合理运用组织感染性教育的重要基础。由于组织感染性是基于大学生组织开展的一种隐性思想政治教育，涉及大学生组织特征和大学生个体的情感、态度、价值观，因此其影响因素具有内隐性和多元化特点。

（一）朋辈交叉

思想政治教育的对象是人，探寻组织感染性的影响因素首先要从构成组织的主体“人”出发。前面我们在讨论大学生组织基本特征的时候强调，大学生组织的成员具有统一性特点，这种个体统一性从另一个角度来讲也可称

① 列宁．列宁全集：第25卷．2版增订版．北京：人民出版社，2017：117.

为朋辈，朋辈是指年龄、生活、学习、境遇和背景相近的朋友和同辈[①]。朋辈交叉存在的组织形式具有强大的组织感染性。首先，与广泛的人群相比，朋辈之间由于思想意识和行为方式的相似性，更容易通过共同语言、共同爱好、共同追求和共同经历建立深厚友谊与亲密联系，形成价值取向和需求目标趋同的朋辈群体和大学生组织。其次，在朋辈群体基础上形成的大学生组织中，成员的相似性又进一步诱发情感上的荣辱与共、心理上的相互依存、行为上的步调一致和面对问题时的思维方式接近等衍生效应，这是组织感染性的天然土壤，对感染性发生的影响是巨大的、随时随地的。最后，朋辈交叉会放大组织感染性的作用。在“你看我，我看你”的朋辈组织中，任何组织个体的优秀品行和消极表现都可能借助情感共鸣而成为其他组织成员模仿的对象，甚至随着时间的推移融入组织文化当中，放大组织感染性的深度和广度。

（二）情感交织

情感始终是思想政治教育能否取得实效的关键，由于大学生处于个体发展水平的特殊阶段，在接纳外界情感和表达自我情感方面，不仅意愿强烈，而且形式多样。组织感染性以情感共鸣为核心“中介”实现对组织成员的影响，因此大学生的情感因素是我们不可回避的问题之一。一方面，情感是人意识心理的深层次表现，大学生组织对个体的情感影响不是单一的，而是多层次多角度的，涉及组织生活的方方面面，我们且称之为情感交织。比如，大学生通过参与组织满足自身的归属感和成长需要，这是形式上的情感需求；大学生组织中学习成绩优异者对其他个体学习态度转变的影响和学习兴趣的带动，属于学习上的情感激励；组织或组织个体对成员实际困难的谅解、关心、支持和帮助，属于生活中的情感关照；契合需求、内容丰富、形式多样的组织活动对组织个体思想和行为的影响，属于活动中的情感触动。上述情感的某一点位一旦激发个体情感共鸣，组织感染性就得以实现。另一方面，组织感染性的情感可以潜移默化地承载和传递思想政治教育信

---

① 苗冬青，陈建．依托朋辈群体开展大学生德育的模式探究．科教文汇，2015（1）．

息，以情达意、以情育人、情育一体，使个体在组织中升华情感、完善个性、转化思想。

（三）平行交互

从思想政治教育基本原理的角度，我们还应注意到平行交互对大学生组织感染性的影响。平行交互源于苏联著名教育家马卡连柯提出的“平行影响”原则，即教育者通过集体影响个别、通过个别影响集体的教育方法[①]。换句话说，影响组织感染性的感染源来自两个方面，既包括组织对组织个体的作用，也包括组织中个体对组织的作用。思想政治教育通过强化大学生组织建设，形成完善的组织规范和先进的组织文化感染教育大学生，组织本身便成为教育的“感染源”，经常对组织成员发出要求，实现教育目的。反之，通过对组织个体尤其是优秀成员进行思想政治教育，使其成为大学生组织的领导核心和榜样典型，感染更多进步个体，又反作用于组织的巩固和发展。这种组织与个体的平行交互作用构成组织感染性的良性循环机制。

三、大学生组织感染性的独特功能

大学生组织感染性的功能相较于思想政治教育环境功能，其自身特点更为显著。思想政治教育环境具有强化、导向、感染、促进、约束等功能，而大学生组织感染性的功能则更为具体和细化，尤其对组织个体来说。

（一）淡化组织个体逆反

显性思想政治教育有一个非常明显的弱点，那就是容易使大学生在受教育过程中产生心理逆反，形成抵触情绪，会影响思想政治教育目标的实现。而依托大学生组织开展感染性教育恰恰可以有效地规避和解决这一问题，具有淡化组织个体逆反的功能。首先，在组织群体中接受教育可以相对解除个体教育的戒备心理。其次，感染性教育充满人文意蕴，一改传统单向灌输式的直接教育方式，易于学生接受。最后，组织感染性以激发情

① 王逢贤. 教育学原理. 北京：教育科学出版社，2015：347.

绪情感为条件，动之以情，晓之以理，育人于无形之中，说服力和信任感更强。

（二）催化组织个体接受

思想政治教育要取得实效，教育对象的主体接受是必由之路，只有经过对外来教育信息的反映、选择、整合、内化、外化，在思想意识和行为方式上实现连续、完整、有效的认识过程，教育才可谓成功。组织感染性是一种“情”“境”并重的思想政治教育方式，教育者只有在大学生组织中营造出轻松、自然、愉悦的教育情境，创设丰富多彩、喜闻乐见的组织活动，提供组织成员亲身体验的机会，并恰到好处地运用感染性教育方法，才有可能实现组织感染性教育催化组织个体接受的功能。而且，组织感染性的催化作用甚至可以缩短主体接受的时间和步骤，完成快速接受。

（三）形塑组织个体人格

健全人格不仅是理念信念的体现，也包括性格、能力和品质。开展组织感染性教育时，教育者基于不同组织环境，不同对象和情况，既可以单独使用民主激励、榜样激励、情感激励和奖惩激励等方法，也可以对这些方法进行综合使用，从而有效激励大学生投身组织接受思想政治教育的积极性。通过不同方式的激励影响，特定的组织文化精神以及价值观念得到个体的充分吸收和掌握，在融为大学生个人品质的同时，也进一步渗透到个体的心理层面，转化为大学生健康人格精神和健全人格特征的内驱力。

（四）强化组织个体自育

从“他育”到“自育”的转换是思想政治教育长期追求的理想化目标之一，组织感染性具备实现上述转换的动力机制和主要功能。这种自我教育功能是基于对个体本身的认识，再以社会要求和道德规范为基本原则，进行以自我为中心的引导、比较、强化以及否定和监督①。良好运转的大学生组织，经过长期建设和组织成员共同努力，可以形成独特的组织文化氛围和组织规

① 杨正．思想政治教育心理机制研究．北京：红旗出版社，2005：324.

约，这种文化氛围和规约通过组织感染性潜移默化地影响个体习惯的养成，看似组织约束，实则为思想政治教育目标的内化体现。组织感染性的个体自育功能，实际上是本书研究的重要落脚点之一。

第二章

大学生组织思想政治教育感染性的理论基础与政策支撑

大学生组织思想政治教育感染性是思想政治教育实践中的一种客观存在，无论人们是否感受或者意识到它的存在。存在即合理，追问组织思想政治教育感染性存在的必然性与合理性，需要找科学的立论依据。换言之，系统阐明组织思想政治教育感染性理论的前位理论，最终目的是要为实践廓清基础性的思想认识，提供支撑性的理论框架。本章将以理论溯源与理论建构为基本线索，立足思想政治教育学科视野，从指导理论、借鉴理论和政策文献解析三个层面，找到马克思主义理论重要论述对大学生组织思想政治教育感染性的有力确证，探寻社会学、心理学、教育学、管理学相关理论对大学生组织思想政治教育感染性的多学科支撑，明确新形势下党和国家对高校思想政治工作与大学生组织思想政治教育的实践要求。

第一节　大学生组织思想政治教育感染性研究的指导理论

这里还是要再次强调，研究大学生组织思想政治教育感染性，必须放在思想政治教育的学科框架下来探讨分析。否则，针对社会组织、青年组织和大学生组织的研究极易陷入社会学的研究范畴，而针对组织感染性的研究则可能走入单一心理学的误区，导致学科偏离。思想政治教育最基础的理论来自马克思主义，要综合分析大学生思想政治教育感染性，求证组织感染性引导教育青年学生的科学性、有效性和必然性，首先就要回归到马克思主义理论中去寻找答案，找到马克思主义重要论述和重要观点对本书核心问题的学理支撑。

一、马克思主义人本论与认识论

大学生组织思想政治教育感染性教育的本质是塑造人的社会实践活动，这种实践活动既体现人的社会性本质，又贯穿于主体的人对客观事物的理性认识与能动反映。从理论维度明确人的本质的深刻内涵，并理解人的认识活动过程，问题就回到了出发点。

(一) 马克思主义人本论

关于人的本质的问题，是人类开始尝试认识自我以来不断追问，不断回答，又不断反思的深层哲学。作为伟大的思想家和理论家，马克思当然也不能回避这一问题，他在自己的理论体系中多次强调并反复论证：何以为人？马克思指出："有意识的生命活动把人同动物的生命活动直接区别开来。正是由于这一点，人才是类存在物。"[①] "人的类特性恰恰就是自由自觉的活动。"[②] 在这里，马克思用人的"有意识的生命活动"和人的"自由自觉的活动"来定义人类的生产和实践，强调人的本质应该以这种与其他动物存在本质区别的有意识的自由自觉的活动来体现，而不是什么其他别的活动。在此基础上，1845 年春，马克思又在批判费尔巴哈的"十一条提纲"中指出，"人的本质是人的真正的社会联系"[③]，"人的本质不是单个人所固有的抽象物，在其现实性上，它是一切社会关系的总和"[④]，全面否定将宗教本质等同于人的本质的观点。在上述一系列论断中，马克思突出强调了人的社会性，他认为这是人之所以为人的根本所在，人的特性与属性是人的本质的集中体现。

众所周知，思想政治教育是促使人们形成符合社会和阶级所需的思想品德的社会实践活动，而人的本质是一定社会关系中的有意识的自觉活动。这就衍生出另一个问题，如何实现思想政治教育与人的本质的有效榫接。既然人的本质是在其社会关系的渐进过程中形成的，思想政治教育就不能单单以个体的人的思想品德为转移，而要将教育的实践放置在人们广泛的社会关系中去考察，变孤立的个体为关联的个体。反观之，思想政治教育以促使人们形成符合社会和阶级要求的思想意识与思想品德为最终目标，人的本质就应该在相应的社会关系中体现这种社会和阶级的思想意识。实践充分证明，在阶级社会中，每一个人都在一定的阶级地位中生活，各种思想无不打上阶级

---

① 马克思，恩格斯．马克思恩格斯全集：第 3 卷．2 版．北京：人民出版社，2002：273.

② 马克思，恩格斯．马克思恩格斯全集：第 42 卷．北京：人民出版社，1979：96.

③ 同②24.

④ 马克思，恩格斯．马克思恩格斯选集：第 1 卷．3 版．北京：人民出版社，2012：139.

的烙印[①]。与此同时，由于作为个体的每个人的政治倾向、文化背景、经济条件、岗位分工和生活方式不同，他们所缔结的社会关系即使在同一个社会阶级中，也会表现出不尽相同的思想意识，从而形成社会意识的差异性和思想意识的阶级性。对此，恩格斯指出："人们自觉地或不自觉地，归根到底总是从他们阶级地位所依据的实际关系中——从他们进行生产和交换的经济关系中，获得自己的伦理观念。"[②]"每一个阶级，甚至每一个行业，都各有各的道德，并且，只要它能破坏这种道德而不受惩罚，它就加以破坏。"[③]

概而言之，对个体人开展思想政治教育必须紧密联系其背后的社会关系的存在，并结合不同个体在一定社会关系中所代表的群体利益。离开人的本质的教育是毫无根据的空洞说教，实际效果将大打折扣。在学校范围内，大学生的社会关系集中体现在高校学生组织之中，组织中的个体关系就是大学生社会关系的现实投影。通过组织感染性将思想政治教育寓于大学生的各种社会关系之中，赋予大学生的社会关系以思想政治教育的价值追求，无疑既有助于发展大学生的全面素质，也有助于还原思想政治教育的人本属性，贯彻立德树人根本任务。

（二）马克思主义认识论

马克思主义认识论是辩证的唯物主义认识论，其中人是认识的主体，客观存在是认识的客体。马克思主义认识论既明确了全部客观物质世界是人类认识发生的基础，又进一步划定了作为认识主体的人对客观事物的认识范围。一方面，马克思指出："思想、观念、意识的生产最初是直接与人们的物质活动，与人们的物质交往，与现实生活的语言交织在一起的。"[④] 他强调，具备认知功能的人，是生理意义上的人的跨越，是具体到社会关系与生产生活实践中的人。另一方面，马克思又指出："被抽象地孤立地理解的、被固定为与

① 毛泽东．毛泽东选集：第1卷．2版．北京：人民出版社，1991：283.
② 马克思，恩格斯．马克思恩格斯选集：第3卷．3版．北京：人民出版社，2012：470.
③ 马克思，恩格斯．马克思恩格斯选集：第4卷．3版．北京：人民出版社，2012：247.
④ 马克思，恩格斯．马克思恩格斯选集：第1卷．3版．北京：人民出版社，2012：151.

人分离的自然界，对人说来也是无。”① 关于人对客观世界的认识不能泛泛地理解，更不能割裂地来看待，而要以认识主体与认识客体之间的相互联系为转移，真正构建作为认识主体的人的认识。

马克思主义认识论还告诉我们，人类对客观物质世界的认识不是简单地被动接受，而是主动地反应与攫取，这不仅体现在人对客观世界认识的起始阶段，更伴随在人的理性意识的形成过程之中。这种认识上的主动反应攫取与被动接受有着本质的区别，人对客观事物的认识是经过思维过滤之后的主观意念，包括信息的获取、内容的加工和知识的创造等一系列能动过程。为此，马克思专门展开了针对旧唯物主义的批判，强调“从前的一切唯物主义（包括费尔巴哈的唯物主义）的主要缺点是：对对象、现实、感性，只是从**客体的**或者**直观**的形式去理解，而不是把它们当做**感性的人的活动**，当做**实践**去理解，不是从主体方面去理解”②。在这里，马克思认为人对客观物质世界认识的能力，首先取决于人自身的认知水平和知识结构，其次基于人自身能力的客体感知，对客观事物信息进行获取、选择、加工和改造，并将其转化成符合主体接受的认知图式，最后再将重新构建的客体信息与既有思维观念进行整合，形成不同层次主体的不同认识。由此我们可以认为，人的认识活动具有从具体、感性到抽象、理性的一般规律，能动的认识过程不仅直观反映客观事物内容，而且能够实现对客观事物本质的提炼与升华。

作为人的实践活动的思想政治教育自然也包括认识的过程，马克思主义认识论为大学生组织思想政治教育感染性的发生发展，尤其是如何在大学组织生活与组织活动中营造感染情境、创造感染条件、激发感染要素提供了重要的理论解释。思想政治教育工作者在思想政治教育组织感染过程中，要围绕认识论的基本原理，努力进行物质情境和心理情境的创设，使大学生组织的客观情境与组织个体的主观认识达成有机统一，从而实现基于大学生组织的思想政治教育感染性。

---

① 马克思，恩格斯．马克思恩格斯全集：第42卷．北京：人民出版社，1979：178．

② 马克思，恩格斯．马克思恩格斯选集：第1卷．3版．北京：人民出版社，2012：54．

二、马克思主义交往理论

马克思主义交往理论是马克思主义人本论和认识论的进一步发展与完善。人是社会化的人，人具有社会化的本质，人在社会关系中对客观世界形成能动的认识，而社会关系的构建是以人的社会交往为中介进而实现自身本质存在的过程。对此，马克思做出了一系列的论证，他首先指出："人是最名副其实的政治动物，不仅是一种合群的动物，而且是只有在社会中才能独立的动物。"① 强调社会性与群体性是人类物种独立存在的前提。这种依社会化而独立存在的特质定义了人与其他动物的区别。马克思还认为，"一个人的发展取决于和他直接或间接进行交往的其他一切人的发展"②，强调人的社会化取向导致了人与人社会交往关系的形成，因为任何单一个体的人都不可能长久地、孤立地、抽象地存在，生存与发展的急迫需求要求他必须与周围个体和周遭环境在相互作用中建立起某种联系。由此，马克思、恩格斯再次指出："凡是有某种关系存在的地方，这种关系都是为我而存在的；动物不对什么东西发生'关系'，而且根本没有'关系'；对于动物来说，它对他物的关系不是作为关系存在的。"③ 这告诉我们，人的社会交往意识萌生于人类群体形成的最初阶段，个体与个体的交往欲望是人性使然，因为交往需要产生交往实践，并在交往实践中形成人的社会关系的基本形态。在交往中，个体不仅能"使自己的生命活动本身变成自己意志的和自己意识的对象"④，还能促进自身与他人、与群体、与自然的有机统一。综上所述，我们对马克思主义交往理论的总体理解有以下三点：一是人类的交往需求不以个体意志为转移，任何人都无法摆脱现实层面的交往行为；二是个体之间的交往实践必然存在，但交往的频次与质量不尽相同；三是无论从历史发展还是现实生活来观察，人类交往都是人的社会化本质的具体体现，是社会关系的发端和社会生活的核心

① 马克思，恩格斯．马克思恩格斯选集：第2卷．3版．北京：人民出版社，2012：684.

② 马克思，恩格斯．马克思恩格斯全集：第3卷．北京：人民出版社，1960：515.

③ 马克思，恩格斯．马克思恩格斯选集：第1卷．3版．北京：人民出版社，2012：161.

④ 同③56.

所在。

在马克思主义的视阈下，人的社会交往是广义的，泛指人类社会交往的方方面面。从广义上来理解社会交往，出发点是人类社会化本质照应下的社会交往需求，这种宏观视角涵盖了人类交往的自然规律与历史规律。正因为全体人类中个体与个体的不断交往，才映射出社会的伦理道德和价值标准，“如果我生在一个孤岛上，孑然一身，我的生活中就没有什么罪恶和道德了”①。在道德与伦理双双失范的前提下，人、人的交往及人类社会将荡然无存。从本书研究的实际出发，这种广义的理解虽然是科学指针，但存在一定的局限性。狭义上，“现实的人”不可能完全封闭自身的日常生产生活场域，个体无时无刻不在与他人发生交往关系，并不断在基于不同社会交际而形成的社会关系网中实现调节和转换，以满足自身生存发展的不同层次需要。在交往过程中，主体的人不仅会受到不同环境的影响制约，大到国际、国家和地域环境，小到家庭、学习、工作和生活环境，还会受到来自与其交往的其他个体的思想、品德、观念和行为的熏陶和感染，包括亲人、恋人、朋友、同事、同学甚至有一面之缘的短期交往者，从而影响个体的思想意识和行为方式。这样一来，个体社会交往中的主观选择问题就应运而生。因此，中国古代思想家孔子就针对个体交往提出，要“近君子，远小人”。而荀子则从交往的环境选择与环境影响层面提出，“注错习俗，所以化性也；并一而不二，所以成积也。习俗移志，安久移质”，“譬之越人安越，楚人安楚，君子安雅。是非知能材性然也，是注错习俗之节异也”（《荀子·荣辱篇》），等等。这些先贤的思想都突出强调了人与人之间、人与环境之间的交往给个体思想品德发展带来的潜移默化的影响。纵观中国近现代历史，不少仁人志士和进步青年是在与中国共产党人交往的过程中，走向了争取民族独立与民族解放的漫漫征程，为新中国的成立和社会主义现代化的建设做出了卓越贡献。因此，本书所研究和强调的交往主要是指狭义上的交往。

---

① 王海明．新伦理学．北京：商务印书馆，2001：143.

交往作为人的一种社会行为，之所以会带来个体思想意识和行为方式上的改变，其根本原因在于人与人交往过程中所传递的价值理念、政治观点和道德规范，经过不同主体的辨识与思考，发生了思想上的交流碰撞、意识上的整合接纳或行为上的模仿学习，形成了精神文化层面的相互关系与相互作用。思想政治教育的价值就是要左右这种关系的形成，调整这种作用的发挥，使之朝着有利于社会和阶级所需的思想品德的方向发展。在现实社会中，人的交往存在三种实现路径。一是个体与个体的直接交往，通过交往形成人与人之间的某种社会关系，属于人的直接交往实践；二是个体与群体的过渡交往，通过个体所在群体与更多具备相同特质的人交往，形成个体与群体的归属关系，属于人的过渡交往实践；三是个体与环境的间接交往，人与环境氛围形成价值传导机制，属于人的间接交往实践。与直接交往形式相比，思想政治教育往往更加注重过渡交往与间接交往，将思想政治教育目标注入个体所在的群体或环境来实现价值引领，这种方法显得更为有效和高效，作用体现也更为持久。因此，研究大学生组织思想政治教育感染性，关键是把握组织交往对于大学生思想品德形成发展的意义和作用。大学生在组织中实现交往，通过交往传递价值理念与精神追求，个体与个体在交往交换中实现组织感染性，依据就是马克思主义交往理论。

三、马克思主义传播观

马克思主义传播观是历史唯物主义的传播理论，其理论渊源是人的精神交往。马克思主义交往理论认为，精神交往是人的特性及相互关系。在精神交往的范畴下，人类的交往传播活动不仅是一种信息层面的传递，更应该被视为一种情感激荡、价值碰撞与思想交锋的过程，是一种知、情、意、信的精神融通过程①。马克思主义传播观突出强调了人在传播活动中的主观能动性，让人的主体性得以回归，不但丰富和发展了经验学派所定义的信息传播内涵，还使人类传播活动的现实价值凸显。我国对马克思主义传播观的研究

① 刘先义. 论德育接受机制. 教育研究，1991 (11).

起步于20世纪80年代初，最具代表性的研究成果当属中国人民大学陈力丹教授的专著《精神交往论：马克思恩格斯的传播观》。该书全景式地呈现了马克思、恩格斯开放的思想体系，详细论述了他们对各种人类传播现象和传播形态的基本认识，是国内研究马克思主义传播观的奠基之作，对我们认识现代传播理论具有极高的参考价值。

现实传播形态由传播主体、媒介与客体构成，主体与客体是传播过程的两端，媒介承载传播信息。马克思主义认为，在精神交往中，传播主体与传播客体之间存在两种必然联系：一是价值传递的关系，二是满足精神需求的关系。人类任何形式的传播活动都渗透着人与人的价值关系，这既是人的社会化本质的体现，也是个体相互联系交往的根源之所在，价值传递关系是传播结构建立和维系的深层次原因。在价值传递的背后，内隐着人类自身的精神需求，精神交往意义下的传播行为与传播内容又恰恰满足了受众的这种内在需要。因此，上述两种关系实现了传播过程两端的主体平等。对于传播媒介，马克思指出，任何形式的语言、文字、思维、宗教、新闻、报刊、文艺、印刷品等都可以看作传播媒介，传播媒介的实质是具有特定目的传播主体的工具，体现工具理性，是人类精神交往的桥梁和纽带。而通过传播媒介传递出去的信息，不一定完全是客观的、确定的内容，也存在一部分主观的、复杂的人的意识与情绪感受。对此问题，马克思和恩格斯还在“波旁王朝赎金宣传”和“倍倍尔议会演讲”等论述中谈及精神交往中“社会注意”的形成。因为在多数情况下，注意的形成是由刺激物的突发性或相对突出而引起的；还有一些注意是由于连续轻度刺激的积累而逐渐形成的，这即是重复引起的注意[①]。上述观点对本书研究有着直接的指导意义。

应该说，传统传播理论是一种理性传播观，而马克思主义传播观更多的是建立在人文意蕴上的传播观，为现代传播学发展提供了价值规范与发展方向。思想政治教育感染性的本质也可以理解为教育意图与教育内容在人与人

① 陈力丹. 精神交往论：马克思恩格斯的传播观. 北京：中国人民大学出版社，2016：387.

之间的传播。如果将这种传播范围限定在大学生组织之中，组织中个体与个体、组织与个体产生思想、行为和文化、环境的价值影响就是马克思所谓的精神交往，体现了组织传播的目标和价值。

四、思想政治教育接受理论

接受是人类最为普遍的一种思维和行动方式，表示主体的人对客观事物和客观世界的认同与接纳。接受有明显的程度区分，完全接受、部分接受或表面接受是主体接受客体的不同表现形式。马克思指出："事实上，世界体系的每一个思想映象，总是在客观上受到历史状况的限制，在主观上受到得出该思想映象的人的肉体状况和精神状况的限制。"① 马克思告诉我们，主体的人的认识不是客体的直接反映，而是客观事物与主观思维同化作用的结果。换句话说，当客观事物进入主体认知范围时，能否产生对主体的影响，能够产生多大的影响，不仅取决于客体因素本身的作用力，更取决于作为接受主体的人的个体发展水平，包括个体的背景、思想、观念、能力、知识等主体因素，接受与否与影响程度是主客体因素相互制衡的结果。受教育者不是机械的人，而是具备主体意识的人，任何教育包括思想政治教育试图取得教育的实效，都必须传递符合受教育者接受规律的教育信息，以受教育者最大限度的接受和内化为教育的前提和标准。

思想政治教育作为对人的思想品德施加影响的社会实践活动，尤其注重受教育者的接受意愿和接受程度，完整接受是思想形成的重要规律，更是掣肘思想政治教育实效性的关键因素。但对接受的关注不仅仅是思想政治教育学科的专利，美国著名心理学家奥苏伯尔（D. P. Ausubel）最早将接受作为一个完整概念引入理论研究范畴，并在教育心理学界提出接受理论。他尝试把人类的学习划分为发现式学习与接受式学习两种类型，从学习者的学习动因、学习态度和学习资料的整合方式、逻辑意义等角度分析学习中的接受条件。伴随时代的发展和学科之间的交叉融合，接受理论逐步被引入思想政治

① 马克思，恩格斯．马克思恩格斯选集：第3卷．3版．北京：人民出版社，2012：412.

教育学科。20 世纪 90 年代，有国内学者立足德育，从个体认识论出发第一次较为系统地阐释了思想政治教育的接受机理，认为："德育接受活动主要反映了认识主体与信息客体两者之间的相互关系，是一个由接受主体对教育信息客体进行反映、选择、整合、内化的，连续、完整的认识过程。德育接受机制是整体性、阶段性、变动性、稳定性的统一过程，具有连续运行、多级反馈、螺旋上升的运行特征。"①

经过 30 多年的学科发展，思想政治教育接受理论已经相当成熟。所谓思想政治教育接受，是指发生在思想政治教育范畴内的接受活动，它反映了思想政治教育接受主体与接受客体之间的相互联系，是接受主体基于自身需求，在环境等共同因素影响作用下，通过某种"中介"对接受客体进行由反映、选择、整合、内化、外化等多环节构成的、连续完整的活动过程。通过有效的主体接受，特定的思想政治观念和道德规范就可以被社会或社会群体内化为主体的思想意识，并外化为主观行为②。思想政治教育接受是分阶段进行的，各阶段衔接具有多样性、渐进性、同时性特点③。思想政治教育接受机制有心理接受机制和社会接受机制之分④。思想政治教育接受规律包括基本规律和一般规律，共同构成一个多角度、多层次的规律体系。其中，基本规律是能动和受动的辩证统一，也可称为能动受动律。而一般规律是指具体的需要驱动律、内化外化律和多向互动律，它们的形成受到基本规律的主导和支配⑤。

大学生组织思想政治教育感染性作为思想政治教育的一种重要方法，同样涉及主体接受的问题，因为感染本身就是一种接受的形式。在现实条件下，通过思想政治教育者或大学生组织个体感染大学生是否有效，关键在于我们传导的价值观念和行为方式是否被大学生所接受。值得注意的是，思想政治教育感染性的接受，并不一定履行完整意义上的思想政治教育接受过程，其

① 刘先义. 论德育接受机制. 教育研究，1991 (11).
② 张耀灿，郑永廷，刘书林，等. 现代思想政治教育学. 北京：人民出版社，2001：135.
③ 王海平. 军队思想政治教育接受论. 北京：军事科学出版社，2002：48.
④ 王敏. 思想政治教育接受论. 武汉：湖北人民出版社，2002：131.
⑤ 同④168-170.

可以在特定条件下实现接受的“加速”和“跨越”，关于这一点，本书将在后面予以具体论述。

第二节　大学生组织思想政治教育感染性研究的借鉴理论

思想政治教育是一个综合性很强的学科，这种综合性决定了其在依托马克思主义基本理论的前提下，还要充分吸收借鉴交叉学科的研究成果。大学生组织思想政治教育感染性研究是对思想政治教育实践理论的前探，需要社会学、心理学、教育学和管理学的很多核心观点予以佐证，因此跨学科的理论借鉴十分必要。

一、需要层次理论

需要层次理论是美国著名心理学家马斯洛于20世纪40年代提出的，这一理论科学阐释了人类需要的丰富性和层次性，是心理学研究的常用理论之一，也是代表性理论。理论中关于人的需要层次的科学划分对思想政治教育学科理论，尤其是思想政治教育实践有着广泛的影响。位于需要层次理论中间位置的“归属与爱的需要”，是研究大学生组织思想政治教育感染性的重要理论依据。

马斯洛的需要层次理论认为，人类有一系列的基本需要，而且这些需要可以依据五个不同层次排列成一个相对完整的系统，从低到高依次为生理需要、安全需要、社交需要、尊重需要和自我实现需要。五种需要层层递进、互为因果，生理需要为最低层次，体现人的生存本能，自我实现需要为最高层次，体现人的价值潜能。

生理需要是人作为自然界物种最基本的需要，由生理因素决定，包括维持人类生命体征的水源、食物、取暖以及避所。生理需要是原始本能，只有满足它，人才有机会保证生存权利。马斯洛认为，生理需要具有优先性和自限性特征，即当此需要被基本满足时，人才会主观附加追求，而旋即萌生更高层次的需要。

安全需要是生理需要之上的身心需要，当生理需要得到适当满足之后，安全需要随之出现。安全需要的目的是实现个体在社会生产生活中的各项基本保障，包括规避危险、健康医疗、财产固有、职业稳定、生产安全以及躲避战争等等。身体安全需要优于心理安全需要，两者伴随人类生存发展的各个阶段。

社交需要也称归属与爱的需要，当生理与安全需要达到个体期望，人们就会开始寻求高层次的社会交往，建立相应的社会关系。社交需要包括主观上的归属与认同需要，也包括客观上的亲情、友情、爱情需要。关于“归属”的问题，我们在后面还会专门论述，这里只强调三点：一是大学生对大学生群体或组织的认同与归属是思想政治教育长期关注的问题，也是重点研究方向之一；二是对组织失去归属感的个体，其存在感也将受到质疑，这对大学生健康成长是极为不利的；三是认同与归属的意识和强度是组织感染性发挥的重要条件，更是基本规律。

尊重需要是建立在社交需要基础上的心理需要。由于人是社会化的人，人在长期的社会交往中总是期待自身的存在被承认、角色被接纳、外表被欣赏、能力被认可，从而在群体中获得一定的地位和权利，并通过驾驭这些地位和权利赢得尊敬与赞赏，树立自信与权威。否则，人就会在挫败中不断否定自己，产生失落与自卑情绪。

自我实现需要是需要层次理论的最高层次，同时也是人类个体和人类社会不懈追求的目标。自我实现的本质是人的社会价值的直接体现，当个体的生理、安全、社交和尊重需要得到满足以后，他会努力寻求将自己的人生观、价值观和世界观诉诸理想抱负，进而使自身价值最大化并反作用于人类社会。

马斯洛在最后也强调，从原则上来看，人的基本需要是遵循需要层次理论顺序发展的，只有低一级的需要被完全满足或部分满足后，人才会将自己的需要升级。但这种递进关系并不是绝对的，而且在个体的某一发展阶段，多种需要可能并存，其中占据主导地位的需要决定了个体当时的思想和行为。

这一理论注解对于在大学生组织中充分调动个体积极性具有非常重要的现实意义。

二、社会标准化倾向理论

社会标准化倾向是组织社会学和组织行为学研究领域的重要理论之一，是解释大学生组织中个体组织行为的有效方法。社会标准化倾向是指处于群体中的个人自觉或不自觉地将自己的行为、态度、意见和感情向群体平均水平或标准模式靠拢的倾向①。该理论最早由美国心理学家谢利夫（M. Serif）提出并论证，他在学生群体中尝试进行过很多关于直觉判断的反复实验，用以证明个体在群体环境下的判断结果与个体在独立环境中的判断结果的差异性，如判定一条固定线段的长短、常规几何形状的大小、某一声音出现的频次或是容器中豆子的数量等等。谢利夫通过实验发现：当被试个体单独接受测试时，个体与个体之间的判断结果不尽相同，差异性明显；而当多个被试个体同时同地接受测试时，他们的答案则趋向于一个相对统一的结果，或者说结果差异性较小。这种一致性倾向即标准化，又称团体均数。谢利夫认为，实验中个体心理层面表现出来的这种群体标准化倾向，在人们的现实生活中同样存在。由于个体的社会化交往导致彼此接近，他们对客观物质世界的理解和认识就会出现类似的现象，从而形成固定的标准。

从本质上来讲，社会标准化倾向是个体在群体影响下，长期相互作用而产生彼此趋同的一种类化过程，在这一过程中，个体行为模式受群体行为标准的左右。在现实生活中，我们也通常称此现象为“随大流”或中庸态度，长此以往会潜移默化地形成群体风气。导致社会标准化倾向出现的影响因素主要来自群体压力和主体特征两个方面。群体压力是群体行为常模的心理传导，当个体在群体中受到群体压力时，会在知觉、判断及行为上自然而然地表现出与群体中大多数人一致的现象，即从众效应。美国心理学家弗里德曼

① 陆建华. 青年学辞典. 合肥：安徽人民出版社，1990：104.

认为，对同伴的信任和对偏离的恐惧是从众效应发生的重要原因，因为这样做，起码会保证自身更为安全。主体特征又分为群体特征和个人特征。群体的规模、结构、影响力、凝聚力以及群体中个体的年龄、性别、认知水平、自我意识、情绪情感、性格特征等因素都会影响社会标准化倾向的程度。一般来讲，妇女和儿童更容易出现从众行为。本书在第五章第三节大学生组织思想政治教育感染性的一般规律中提出个体多维发展水平决定感染强度，具体论述了思想政治教育学科对这一理论的应用。

在大学生思想政治教育实践中，社会标准化倾向有利有弊。从积极的角度来看，思想政治教育者可以利用这一现象，通过树立学生典型，有效引导和规范大学生群体的行为；从消极的角度来看，如果思想政治教育者对形势的把握失控，社会标准化倾向也会导致学生集体的非理性行为。因此，在组织思想政治教育感染性的运用过程中，思想政治教育者要营造良好的组织氛围，通过组织规范、组织压力和组织凝聚力使教育对象接受组织的积极影响，避免消极影响。

三、隐性教育理论

隐性教育是教育学理论，其概念是“隐性课程”（hidden curriculum）的外延。20世纪60年代末，美国著名教育家菲利普·W. 杰克逊通过观察学生在学校教育过程中发生的变化，认为受教育者在接受系统教育期间，不仅学习和掌握了人文、社会、自然、科技等专门课程传授的知识和技能，同时还潜移默化地获得了个体在思维、情感、态度、价值观方面的进步，而这种思维、情感、态度、价值观的成长变化，并非学校或教师刻意通过专题课程传授给学生的，相反，是学生自主习得或相互影响的结果。菲利普·W. 杰克逊将上述非正式的文化传递定义为隐性课程，并在《班级生活》一书中明确提出“隐性课程”概念，进而深入探讨了学校章程、学生守则和学习制度所发挥的另一种重要作用，指出赞赏、权威，尤其是学生群体三个外因对学校教育的调节和支配作用，一度掀起西方学界对“隐性课程”的认识和研究热潮。杰克逊的研究让人们认识到一种潜在教育影响力的存在，即无论学校如何细化专业和学分设置，教师无论如何倾力讲授既有知识，总有一种课程以外的课程、课堂以外的课堂可以使学生增长阅历和经验，体验文化与精神。

思想政治教育学科借用隐性教育理论，发展出隐性思想政治教育的概念。所谓隐性思想政治教育，是指利用隐性思想政治教育资源，采用比较含蓄、隐蔽的形式，运用文化、制度、管理、隐性课程等潜移默化地进行教育，使受教育者在有意无意间受到触动、震动、感动，从而提高其思想道德素质的教育方式①。与常规思想政治教育具备明确的思想政治教育目标，制定规范的思想政治教育计划，运用直接的思想政治教育手段相比较，隐性思想政治教育在教育内容上更为隐蔽，在教育环境选择上更为灵活，在教育时机把握上更为严格，在教育影响力上更为持久。因此，我们也习惯将隐性思想政治教育称为“寓他性思想政治教育”，将显性思想政治教育视为“实体性思想政治教育”。本书研究的思想政治教育感染性是典型的隐性思想政治教育形式。

心理学认为，人类有明显的自我保护意识，这种自我保护意识不仅体现在生理层面，同时也体现在思想意识中。在日常生活中，人们会下意识地维护主观认知或主体权威，不愿意也不希望受到来自外界环境的控制与干扰。思想政治教育学将这种反应称为人的“自身免疫效应”，即当受教育者明显感受到与其已有认知体系相左的意识、思想、观点、看法或行为表现即将介入时，会主动开启“自身免疫”，阻止上述因素对自己的影响。而且，这种阻力的大小与外界因素的影响程度成正比，外界因素影响越大，自身阻力越大；外界因素影响越小，自身阻力也越小。“教育者的教育意图越隐蔽，就越能为教育的对象所接受，就越能转化成教育对象自己的内心要求。”② 隐性思想政治教育作为一种间接性教育，更多强调主体的情绪体验与情感共鸣，其呈现方式往往是基于受教育者的无意识或不自觉，把教育意向潜藏在相关教育环境与教育载体之中，可以有效化解人的逆反心理与戒备情绪，从而实现教育

① 郑永廷．思想政治教育方法论．修订版．北京：高等教育出版社，2010：169.

② 苏霍姆林斯基．给教师的一百个建议．杜殿坤，译．北京：教育科学出版社，1984：208.

目的，达成教育效果。

四、同伴影响力理论

同伴影响力（peer influence）理论也称同伴影响或同伴效应，这一理论的归纳最初来自心理学领域，后来更多地被应用在企业管理和市场营销策略中。同伴影响力理论中的“劝导杠杆”效应，对大学生组织思想政治教育感染性研究具有重要的参考价值。

同伴影响力理论的提出，源于美国亚利桑那州立大学教授罗伯特和他的学生对一个真实事件的思考。位于美国西南部的亚利桑那州，因特殊的地理位置和自然条件，广泛分布极具科考与收藏价值的硅化木，政府将这些宝贵资源存放在亚利桑那州国家森林公园。一段时间内，公园管理人员发现硅化木有不同程度的失窃，而且情况愈发严重。因此，为有效制止这种盗窃行为，公园管理部门在显著位置设立了一系列警示标识，具体内容为：“About 14 tons of silicified wood is stolen every year，and our heritage is suffering a huge loss every day.”（每年大约有 14 吨硅化木失窃，我们的遗产每天都在遭受巨大损失）管理者的初衷是希望通过这种描述，引起人们对保护资源失窃的足够关注，从而更加有效地管控类似事件的发生。但令人意想不到的是，在此后的时间里，这种宣传方式非但没有扭转事态的发展，反而引发了更大规模的硅化木盗窃。罗伯特教授和他的学生据此认为，人们的日常行为在很大程度上会受到同类或同伴的影响。他们分析，警示标识上触目惊心的失窃数字并没有起到应有的警示作用，而是从另一个侧面使人们意识到这种盗窃行为的普遍性与紧迫性，当更多同伴个体认为该行为已经演化为“流行”趋势的时候，从众心理和从众行为就成为必然，心理学家将这类影响称为“同伴影响力”。

尽管同伴影响力理论是基于心理学领域提出的，但它的应用却绝不局限于此，尤其是在企业管理与团队营销中，同伴影响力至关重要。在现代企业管理中，管理者善用同伴影响力可以极大提升团队的凝聚力和向心力，甚至左右市场业绩和企业发展；而忽视同伴影响力的潜在作用，就会阻碍管理者使用“劝导杠杆”来改变企业员工的不利行为[①]，造成不可挽回的损失。同伴影响力在人的社会交往和社会关系中无处不在，尤其是网络信息化的快速发展，个体与个体交互范围的扩大和交互途径的多元，使这一理论应用更加强大。

其实，在犯罪心理学中还有一个与同伴影响力十分类似的理论，那就是“破窗效应”（broken windows theory）。破窗效应是威尔逊（James Q. Wilson）和凯林（George L. Kelling）在 20 世纪 80 年代初提出的。他们认为，周遭环境的不良现象如果任其发展而不制止，就会对人们造成心理上的暗示和诱导，促进更多人变本加厉地去模仿或效仿。一栋建筑的窗户被打破，如果没有被及时复原或修理，下一个人就可能去击碎更多的窗户，再下一个人就可能深入室内打砸偷盗，甚至点燃整栋建筑发泄情绪，而上述行为并不一定会引发当事者的羞愧与反思。

根据上述理论的描述，我们可以认识到：一方面，思想政治教育工作者要注重组织良好氛围的营造，使良好的组织环境对教育对象的心理起到积极的暗示作用，而尽量避免组织中的不良个体或不良因素对其他成员产生心理上的负面暗示；另一方面，要学会利用强大而低成本的劝导资源，在组织感染性教育中以极小的代价取得极大的成果。

第三节 高校思想政治工作与大学生组织建设政策文献解析

我们党历来高度重视高校思想政治工作与大学生组织建设，并将大学生组织建设视为加强和改进新形势下高校思想政治工作的重要依托。党的十八大以来，以习近平同志为核心的党中央，立足党和国家事业发展全局的战略高度，把高校思想政治工作摆在引领高等教育内涵发展的首要位置，先后做出一系列重大决策和部署。党的十九大报告再次明确提出，要全面贯彻党的

① 王婷. 善用“同伴影响力”. 21 世纪商业评论，2008 (7).

教育方针，落实立德树人根本任务。在新时代背景下，大学生思想政治教育工作取得显著成效，高校意识形态主流积极向上，主渠道和主阵地建设不断强化，各类思想文化载体蓬勃发展，大学生群体的获得感和幸福感不断增强，对以习近平同志为核心的党中央充分信任，对新时代中国特色社会主义思想高度认同，对“两个一百年”奋斗目标信心满满。

深入了解和掌握新形势下高校思想政治工作与大学生组织建设的政策文献，尤其是与本书研究内容相关的论述，可以让我们从顶层设计上，进一步明确党和国家对高校思想政治工作的基本目标和原则要求，明确加强和改进大学生思想政治教育的方式方法，明确作为高校思想政治工作和大学生思想政治教育途径载体的大学生组织的改革方向。

一、关于高校思想政治工作的相关文献及论述

组织育人是大学生思想政治教育大环境中的一个方面，对大学生组织思想政治教育感染性的研究要放到整个高校思想政治工作中去考量。本书主要选取了习近平总书记在全国高校思想政治工作会议上的讲话[①]（简称讲话），2004 年中共中央、国务院《关于进一步加强和改进大学生思想政治教育的意见》（简称中央 16 号文件），2017 年中共中央、国务院《关于加强和改进新形势下高校思想政治工作的意见》（简称中央 31 号文件）和教育部《高校思想政治工作质量提升工程实施纲要》（简称《实施纲要》）进行分析。习近平总书记在全国高校思想政治工作会议上的重要讲话，是新形势下高校思想政治工作的基本遵循和行动指南。中央 16 号文件和中央 31 号文件的颁布，前后跨越 13 年，是不同历史时期指导大学生思想政治教育的纲领性文件。《实施纲要》是贯彻落实全国高校思想政治工作会议精神的具体指导性文件。

（一）关于高校思想政治工作和大学生思想政治教育的目标原则

新形势下高校思想政治工作和大学生思想政治教育的目标原则，是对中

① 习近平在全国高校思想政治工作会议上强调：把思想政治工作贯穿教育教学全过程 开创我国高等教育事业发展新局面. 人民日报，2016-12-09.

国共产党思想政治工作优良传统的继承和发展。在总体目标层面，讲话指出："高校思想政治工作关系高校培养什么样的人、如何培养人以及为谁培养人这个根本问题。""三个培养"理念是新时代高校思想政治工作的目标指引，这一全新理念是对以往高校思想政治工作"两个培养"，即培养什么人、怎样培养人的理论拓展，突出强调新形势下"为谁培养人"的重大意义。习近平总书记强调："要坚持把立德树人作为中心环节，把思想政治工作贯穿教育教学全过程，实现全程育人、全方位育人，努力开创我国高等教育事业发展新局面。""全程、全方位"体现了高校思想政治工作的思想性、科学性与全面性的内在统一。在具体目标层面，中央 31 号文件围绕受教育者主体的培养目标指出：要"培养又红又专、德才兼备、全面发展的中国特色社会主义合格建设者和可靠接班人"。《实施纲要》围绕当前高校思想政治工作的实际目标提出：要"推动全体教职员工把工作的重音和目标落在育人成效上，切实打通'三全育人'的最后一公里，形成可转化、可推广的一体化育人制度和模式"。两个具体目标虽指向不同，但都是服务高校立德树人根本任务的切实需要。

（二）关于高校思想政治工作和大学生思想政治教育的方式方法

新形势带来的新变化，迫切要求高校思想政治工作和大学生思想政治教育的方式方法与时俱进。在工作方式层面，"要提升思想政治教育亲和力和针对性，满足学生成长发展需求和期待"。中央 16 号文件提出：坚持以人为本，贴近实际、贴近生活、贴近学生，努力提高思想政治教育的针对性、实效性和吸引力、感染力。中央 31 号文件进一步强调：要创新教学方法，增强教学的吸引力、说服力、感染力。宏观上，我国高校思想政治工作的实践要求正在从以往的"两性两力"向"一性一力"转化，而始终不变的是在思想政治教育主渠道和主阵地中的"感染力"作用发挥，这一点充分体现了本书研究的理论价值和应用价值。在工作方法层面，习近平总书记强调："做好高校思想政治工作，要因事而化、因时而进、因势而新。""三因"理念既是对高校思想政治工作规律的高度凝练，也是对高校思想政治工作方法论的深刻总结，要通过把握"事"和"化"、"时"和"进"、"势"和"新"之间的辩证关系，找到将高校思想政治工作各个环节和过程融会贯通的实践路径。习近平总书记指出："要遵循思想政治工作规律，遵循教书育人规律，遵循学生成长规律，不断提高工作能力和水平。"要围绕"三个规律"战略性、政治性、思想性和针对性的本质特点，在深化高校思想政治工作"怎么看"和"怎么办"的认识上，确立新时代加强和改进大学生思想政治教育的新路向。对此，中央 31 号文件和《实施纲要》还明确提出：要把握师生思想特点和发展需求，注重理论教育和实践活动相结合、普遍要求和分类指导相结合，提高工作科学化精细化水平，激活高校思想政治工作的内生动力。

（三）关于高校思想政治工作和大学生思想政治教育的途径载体

创新高校思想政治工作和大学生思想政治教育的途径载体，是适应时代发展要求的现实需要。在教育途径层面，习近平总书记提出："要更加注重以文化人以文育人，广泛开展文明校园创建，开展形式多样、健康向上、格调高雅的校园文化活动，广泛开展各类社会实践。""以文化人"体现了思想政治教育感染性的本质，契合提升思想政治教育亲和力和针对性的具体要求。在教育载体层面，包括大学生组织在内的组织育人成为贯穿高校思想政治工作和大学生思想政治教育的重点之一，并且愈发细化。2004 年，中央 16 号文件分别围绕大学生党支部、大学生团组织、学生会和研究生会、班级集体、大学生社团和新型大学生组织[①]等六大类高校学生组织，提出具体指导意见和建设原则，强调：要高度重视学生组织作用，开展生动有效的思想政治教育活动，发挥大学生自身的积极性和主动性，增强教育效果。2017 年，中央 31 号文件再次强调：要积极发挥共青团、学生会组织和学生社团的作用，加强学生互动社区、主题教育网站、专业学术网站和"两微一端"建设，运用大学生喜欢的表达方式开展思想政治教育。《实施纲要》更是将组织育人作为构建"十大育人体系"的重要组成部分，首次提出把教育对象扩大为师生共同体，明确要求：积极优化组织育人，发挥各类群团组织的育人纽带功能，支持各类师生社团开展主题鲜明、健康有益、丰富多彩的活动，充分发挥教研

① 新型大学生组织包括大学生生活社区、学生公寓、网络虚拟群体等。

室、学术梯队、班级、宿舍在师生成长中的凝聚、引导、服务作用，培育建设一批文明社团、文明班级、文明宿舍。这充分证明了大学生组织在高校思想政治工作和大学生思想政治教育中的地位和作用。

二、关于大学生组织建设的相关文献及论述

我国高校学生组织是党委领导、团委指导下的学生组织。因此，考察大学生组织的改革与发展方向必须以共青团系统的文件为基准。在全面深化改革的大背景下，共青团组织的最新文献也都是以“改革”或“改进”字样出现的。这里主要选取了2016年共青团中央、教育部《高校共青团改革实施方案》（简称《共青团改革方案》），2017年共青团中央、教育部《关于加强和改进新形势下高校共青团思想政治工作的意见》（简称《意见》）和2017年共青团中央、教育部、全国学联《学联学生会组织改革方案》（简称《学生会改革方案》）进行分析。从上述三个文件来看，“一心双环”团学组织格局、基层团支部“活力提升”工程、落实“智慧团建”要求、深化“四进四信”主题教育、积极建设“网上学联”等成为改革的关键词，当然也将是大学生组织未来发展的主要方向。

首先，在大学生组织建设的目标指引方面，《共青团改革方案》将目标锁定在大学生组织的影响力上，提出：要实现“工作有效覆盖面不断扩大，组织吸引力凝聚力不断增强”。而《意见》则更为强调大学生组织的作用发挥与实现，“坚持将加强组织建设作为高校共青团开展思想政治工作最基本最直接的抓手，不断提升基层组织活力，努力实现思政工作到支部、思想引领面对面”。《学生会改革方案》希望学生会能够在“三自”（自我教育、自我管理、自我服务）功能的基础上，进一步强化自我监督功能，以此“激发动力、提升活力、增强吸引力和凝聚力”。与此同时，明确提出学联学生会短期改革目标，那就是使各级学联学生会组织的政治性、先进性和群众性得到显著增强。

其次，在大学生组织建设的结构调整方面，《共青团改革方案》最大的亮点是提出在新形势下“构建党领导下的‘一心双环’团学组织格局”。“一心”即以团委为核心和枢纽，“双环”即以学生会组织为学生自我服务、自我管

理、自我教育、自我监督的主体组织，以学生社团及相关学生组织为外围延伸手臂。“一心双环”较之以往的“一体双翼”格局，是高校学生组织结构调整的实质进步，更加有利于高校共青团对大学生组织的指导与管理，有利于学生会桥梁纽带作用的发挥和学生社团的有序发展。而《意见》突出强调要形成以组织育人为首的高校共青团第二课堂工作合力。《学生会改革方案》则希望通过精简优化学生会组织机构，改革职能部门设置，减少管理层次，提升组织管理效能，实现高校学生会层级结构由相对科层化向扁平化转变，更加贴近学生实际，更好服务学生本体。

最后，在大学生组织建设的主要内容方面，三个文件均提出了一系列的创新举措，共同推进改革落到实处。如《共青团改革方案》提出，要巩固和创新基层团组织建设，深入实施高校基层团支部“活力提升”工程，推行班级团支部与班委会一体化运行机制。《意见》围绕更好发挥大学生社团作用，首次提出要加强与社团组织的服务和联系，支持开展主题鲜明、健康有益、丰富多彩的课外活动。《学生会改革方案》不仅提出要持续推进集体主义教育，深化“四进四信”主题教育活动，发挥榜样群体示范引领作用，开展寻访选树身边榜样等活动，营造良好的校园文化氛围；而且，还针对高校学生会普遍存在的工作作风问题，强调更好推进学生干部转变作风，坚决抵制和克服脱离广大学生的倾向。此外，《共青团改革方案》和《学生会改革方案》积极适应网络信息化在高校迅猛发展的趋势，分别提出落实全团“智慧团建”、积极建设“网上学联”，切实增强时代感、吸引力和工作互动性。

第三章

大学生组织发展的宏观审视与组织感染性的历史镜鉴

社会存在决定社会意识，这是历史唯物主义的基本观点之一。作为社会意识的人的思想观点、价值取向和道德品质是由其所在的社会关系和社会群体所决定的。对人的思想政治教育的把握，尤其是对大学生组织思想政治教育感染性问题的探讨，要充分尊重历史，把研究对象放到特定的时代背景和历史条件下进行分析，在历史中寻求理论的支撑和实践的要求。本章将立足中国实践，以历史的眼光探究我国大学生组织的形成、演进与发展，进而为大学生组织思想政治教育感染性提供纵向的观察视角和理论依据。

第一节　对大学生组织形成的一般认识

一般认识是相对于具体认识提出的。对大学生组织形成的一般认识应该本着不“截取”、不“对焦”的态度，既不选择某一历史阶段进行考察，也不针对单一类型组织开展分析，而是从客观角度来统一认识。任何大学生组织的诞生都有其背景原因，其形成都必然遵循一定的过程，受到一些因素的影响。因此，对大学生组织形成的一般认识自然要从上述方面谈起。

一、大学生组织形成的原因

大学生组织形成的原因是多方面的，不能一概而论。客观上，大学生组织的形成必须以大学存在为前提，大学校园以外的学生组织不是完整意义上的大学生组织。主观上，马克思主义人本论告诉我们，人的社会化本质推动个体通过加入群体寻求自身的生存与发展。大学生作为社会先进群体的代表，以组织形式实现自身发展的意愿比其他群体更为迫切。具体来讲，大学生组织形成的原因主要取决于环境、主体和载体的相互促进与高度统一。

（一）时代背景与青年责任的统一

人类发展的每一段历史和每一个时代都承载着进步与抗争，大学作为建立在经济基础之上的上层建筑，始终都以引领和推动社会进步的姿态出现在历史舞台上。而存在于大学校园中的青年学生，往往政治敏感、思维活跃、求新求变，有较强的社会责任感、使命感和担当意识，且因其受教育程度较高，具备改造社会的知识储备和基本能力。他们渴望将自己的进步意识融入同样追求进步的朋辈群体，借助组织的力量，形成更大规模和更具影响力的青年团体。因此，两者的有机统一构成了大学生组织形成的客观环境。

（二）心理需求与发展需要的统一

个体需求是推动大学生组织形成的核心因素。大学生个体的需求是多种多样的，其中心理需求与发展需要占据主导地位。在心理需求上，大学生渴望通过建立或参与组织来满足自身的归属与认同需要，满足个体之间的社会关系与社会交往，满足群体中的情绪情感体验；在发展需要上，共同的目标追求、共同的兴趣爱好、共同的文化认同，甚至共同的人生经历都可能促进大学生组织的形成。在个体心理需求与发展需要的共同作用下，大学生组织的形成就成为必然。

（三）学校管理与利益诉求的统一

高等教育有其自身的内在规律和发展模式，对庞大的大学生群体进行系统的教育和培养，不可能笼统地进行。因此，学校要根据不同的学科设置、培养目标和管理实际，以大学生组织的形式对学生群体进行分类和细化，形成具体的教育管理模块。与此同时，我们一直强调的大学生组织的自我教育、自我管理、自我服务功能，也是促进大学生组织形成的重要原因之一。学生要通过组织为自己代言，不仅可以更好地参与学校管理与发展，还能间接实现个体或群体利益的诉求。

上述“三个统一”是从宏观层面对大学生组织形成原因的总结概括，具备一般认识的特质。具体到某一个大学生组织的形成，可能是一方面因素使然，也可能是多方面因素共同作用的结果。因此，在大学生思想政治教育实践中，还要具体问题具体分析。

二、大学生组织形成的过程

大学生组织的形成一般要经历初始、前期、中期、后期四个阶段，即组织形态的构建、组织规约的呈现、组织活动的运转和组织目标的达成。原则上，大学生组织的形成是一个连续发展的过程，但并不意味所有组织都可以实现这一完整过程，即使在完整实现的大学生组织中，组织的形成质量也不尽相同。

（一）初始是组织形态的构建

任何大学生组织的建立都不是一蹴而就的，组织形态的构建是一个新生组织形成的前提和基础。组织形态，是指能够形成组织的诸多要素的共同呈现。首先，大学生组织的形成一定是某种共同需求的驱动，这种需求可能来自大学生群体的心理需要或发展需要，也可能来自学校教育管理需要或社会期待。其次，大学生组织的形成要明确组织的主导者身份，主导者可以是学生，也可以是教师。组织主导者的核心作用贯穿大学生组织形成发展的全过程，而在初始阶段，主导者要基本确立组织的目标、组织的类型和筹建组织的详细计划，并通过一些必要程序取得组织的合法性地位。最后，完成组织实体的构建，或者说是组织成员与组织关系的形成。新建组织要通过加大宣传力度来促进更多的大学生个体了解该组织的基本性质与发展构想，吸引优秀组织成员主动加盟，扩大组织在校园内的号召力和影响力，我们常见的学生组织纳新实际就在履行这一构建环节。

（二）前期是组织规约的呈现

完成组织形态的构建以后，大学生组织即进入组织形成的前期阶段——组织规约的呈现。组织规约呈现的过程，实质上是组织成员对组织认同与归属感确立的过程。在这一阶段，主要面临以下几个问题：一是思想认识上的统一。由于成员构成的广泛性，尽快实现个体思想上的一致性是组织生命力的保障，并且组织主导者要联合全体成员将认识上的统一落实为组织的制度章程和行为规范。二是个体之间的相互了解。同一组织中的个体会不断增进信息与情感交流，在求同存异中实现彼此融合。三是积极成员的归属感增强。通过组织生活的相继开展，认同组织宗旨可以使满足自身需求的个体逐渐形成共识，开始接受组织规约并形成心理归属。四是消极成员的选择性退出。

部分成员经过自身感性认知，发觉该组织与自身期待不符或对组织其他成员不满意，则会选择主动离开。当组织成员相对稳定，组织规约基本形成，这一阶段即宣告结束。

（三）中期是组织活动的运转

组织成员对组织的认同感与归属感一旦形成，就可以通过丰富多彩的组织活动进一步强化。组织活动是大学生组织生活的具体体现，组织活动是否可以有效运转是组织形成的核心与关键。两个方面的因素决定了这一阶段的成效：一是组织成员对组织规约的执行情况。客观上，组织主导者要通过组织管理来明确成员职责，规范个体行为，对优化组织发展的言行要大力提倡，对违背组织章程的言行要坚决制止，做到尺度一致、赏罚分明。主观上，组织成员要主动践行已经达成的组织规约，促使良好组织文化氛围的形成。二是组织活动的质量与水平。大学生组织主要是通过活动来实现组织目标，组织活动的质量和水平直接关乎组织的长远发展。好的组织活动可以强化组织归属感，提升组织凝聚力，扩大组织感染性，催生优秀组织个体出现；相反，不良的组织活动会使成员对组织失去信心，引发个体之间的猜忌和矛盾，造成不可挽回的组织发展恶果。

（四）后期是组织目标的达成

在经历组织形态构建、组织规约呈现和组织活动运转三个阶段以后，个体对所属组织往往会形成一定程度的精神依赖与行为惯性，希望并愿意为组织发展奉献自己的全部热情。大学生组织形成、发展的最终目的是实现组织既定目标，这种目标的达成可能是宏观的，如推动社会的进步与变革；也可能是微观的，如对学校发展做出突出贡献；可以是显性的，如帮助大学生个体实现自身素质的全方位提升，也可以是隐性的，如在学生思想品质或行为方式方面留下不可磨灭的烙印；等等。评价一个大学生组织目标的达成情况，关键要看长期开展的组织生活与组织活动是否真正满足了大学生的实际需要。如果组织为其成员的发展提供了积极推动力，我们就可以认为组织对个体的目标达成了。而对组织自身发展的目标而言，则需要教育者的介入和评估，因为大学生群体是非固定的流动个体，学生毕业自然就脱离了相应的大学生组织，组织形态的延续和组织文化的传承，更多地需要教育者和组织接任者的共同努力。

三、影响大学生组织形成的主要因素

大学生组织在形成发展的具体过程中，会受到来自多方面的影响，这些影响因素不同程度地决定和制约了大学生组织的形成进程与发展质量。研究中要统筹影响因素的来源，不能从组织本身的单一角度出发，而要充分考量环境、教育主体及参与主体的作用。

（一）时代对青年学生的感召是前提

纵观世界各国发展的历史轨迹，时代对青年学生的感召力和影响力不容小觑，这种感召力为大学生组织的形成提供了客观支撑，是大学生组织形态与组织目标确立的主要依据。正如习近平总书记在同北京大学师生座谈时指出的那样："每一代青年都有自己的际遇和机缘，都要在自己所处的时代条件下谋划人生、创造历史。青年是标志时代的最灵敏的晴雨表，时代的责任赋予青年，时代的光荣属于青年。"[①] 大学生身处不同的时代背景和社会环境之中，会逐渐萌生与之适应的社会关系、思想意识和行为模式，他们对时代的回应，往往会形成促进社会进步与社会变革的巨大推动力，不仅仅体现为个体的接续奋斗，更体现为大学生群体或大学生组织的集体践行。中华民族近代百年的历史，尤其是五四运动前后的学生运动，很好地回应了这一问题。因此，我们认为时代对青年的感召是大学生组织形成的前提。

（二）教育者的有力引导是方向

大学是开展集中教育的重要场所。教育者，尤其是思想政治教育工作者对大学生组织形成的影响是不可回避的因素，也是不能回避的因素。大学生群体毕竟处于人生发展的起步阶段，他们不尽成熟的世界观、人生观和价值观还不足以完整准确把握组织的形成规律与发展方向，需要教育者予以科学

① 习近平．习近平谈治国理政．北京：外文出版社，2014：167.

合理的引导，保证大学生组织在形成过程中拥有正确的政治导向、明确的发展目标、合理的组织结构和规范的组织生活，使之始终与一定社会或阶级所需要的思想品德保持高度一致，满足社会的期待和大学生成长的需求。具体来讲，教育者的影响有三个方面：首先，教育者要为大学生组织“把脉”。现代高等教育要求，任何大学生组织的形成必须有思想政治教育的参与和指导，即使是大学生自发形成的组织形式，思想政治教育者也要充分关注、适时引导。其次，教育者要对大学生组织“问诊”。大学生组织不同于社会组织，自我支持系统尚不健全，其形成发展需要学校的大力支持和教育者的有效帮助。最后，教育者要给大学生组织“开方”。大学生组织在发展过程中会面临各种各样的矛盾和问题，教育者要妥善地协调处理，使其运转顺畅，“在轨”而不“脱轨”。

（三）大学生的积极响应是动力

事物的形成不能脱离主体而存在，事物的发展更需要内生动力来推动。作为以满足大学生成长成才需要为主要任务的当代大学生组织，其中个体的积极性是组织形成和发展的动力源泉。这种个体积极性的促成要经历一个必然过程，包括“期望-参与”、“认同-归属”和“再期望-再参与”。在“期望-参与”阶段主要是个体对组织的推动。“期望”以组织成员的自身需求为转移，需求是组织形成前期个体积极性的集中体现，个体因需求而参与，组织因个体参与而形成。在“认同-归属”阶段主要是个体与组织的相互推动。认同不等于归属，所有个体在刚刚加入组织之时都会有一定的认同，随着个体对组织的进一步认识和组织对个体需求的满足程度，部分成员的积极自觉会演变为归属感，而其他成员的失望情绪会淡化认同感。在“再期望-再参与”阶段主要是组织对个体的反向推动。因为组织带给自己积极的变化，与组织发展形成契合关系的个体会将组织视为成长的重要平台，进而形成更高的“期待”与更主动的“参与”。

（四）组织自身的不断革新是保证

除上述环境、教育主体及参与主体对大学生组织形成的影响之外，组织自身的内部建设也是影响组织发展的一个重要因素。只有优秀的组织才能吸引更多优秀的个体加入，才能逐步形成和谐融洽的组织氛围和积极向上的组织文化。组织内部建设包括组织目标、组织规范、组织决策程序、组织活动水平、组织凝聚力和组织影响力等，加强组织内部建设需要教育者和组织成员的共同努力，并且要敢于适应环境的变化而大胆革新组织形式，不断创新组织内容，使大学生组织永立潮头、永葆活力。

第二节　我国大学生组织形成发展的历史背景与组织感染性特征

哲学社会科学研究，尤其是思想政治教育研究一定要尊重历史条件和社会环境，脱离特定的时代背景与现实境况而抽象地分析人与人的社会关系，研究内容往往只局限于表面现象，甚至会得出与实际相悖的结论，不能触及思想政治教育的本源与现实的人的本质。因此，本书将充分遵循历史唯物主义和辩证唯物主义的方法论，紧密结合大学生所处的社会环境和历史条件，深刻剖析社会基本矛盾与发展走向，正确认识和把握各个历史时期大学生组织在思想政治教育感染性方面所发挥的重要作用。

我国大学生组织是伴随着近代大学制度的形成而产生的，由于社会的深刻变革和青年学生思想道德观念的相应变化，不同历史时期大学生组织的表现形式和基本特征不尽相同。在近代中国内忧外患、国力不济，新中国白手起家、百业待兴的背景下，青年大学生承担着唤醒民众、抗敌救国、建设家园、自强不息的时代责任。可以说，中国大学生组织的形成发展就是中国近代以来的社会写实，青年学生和学生组织作为一股变革社会的新生力量登上历史舞台，并由此掀开了一幅波澜壮阔的时代画卷。

一、旧民主主义革命时期

旧民主主义革命时期泛指从 1840 年鸦片战争开始到 1919 年五四运动结

束，前后历程近 80 年。旧民主主义革命具体包括农民阶级的太平天国运动、义和团运动，地主阶级的洋务运动，资产阶级改良派的戊戌变法运动和资产阶级民主主义的辛亥革命等。旧民主主义革命拉开了中国反帝反封建的序幕，其历史意义有积极的一面，但最终没能改变社会的性质，导致革命失败。

（一）大学生组织的形成发展

中国高等教育发端于旧民主主义革命时期。1895 年 10 月 2 日，中国第一所现代大学——私立北洋大学堂（今天津大学）成立，打开了中国近代高等教育的大门。1898 年 7 月 3 日，作为戊戌变法“新政”之一的京师大学堂（今北京大学）成立，标志着中国近代第一所国立综合性大学诞生。当时的京师大学堂不仅是最高学府的代表，还同时承担着国家教育行政机关的职能。因此，1903 年颁布的《癸卯学制》明确指出，学堂的人才培养主要是服务吏治，而非单纯学术。封建末期，因学校反对以结党营私为目的的学生集社，学生组织大多以“同门”“同乡”的传统形式存在，缺少明确的组织目标与组织结构。

1912 年 1 月 1 日，中华民国成立，任命蔡元培为教育总长，推行“壬子学制”，取消封建科举制。1916 年，蔡元培开始执掌北京大学，立志培养青年学生高尚道德情操，一改封建旧式学堂腐朽思想。在这一理念的指导下，1918 年 6 月，以“三不”[①] 原则为基本入会条件的北京大学“进德会”兴起，短期内即吸引了 300 多位学生、70 多位教员和 90 多位在校职员的积极响应和踊跃加入，这一组织使得当时北京大学的校风学风焕然一新[②]。尽管“进德会”因教师的组织和参与，不能算作完整意义上的大学生组织，但这一组织所彰显的精神实质和行动纲领却成为引领其他大学生组织的风向标。1918—1919 年，北平高校大学生的各类社团组织一度蓬勃发展，组织倡导和弘扬的目标以积极向上的思想意识和正当健康的文娱活动为主，包括北京大学的马克思学说研究会、国文学会、新文学研究会、史学会、数学会、

① “三不”即不嫖、不赌、不纳妾。

② 金以林. 近代中国大学研究：1895—1949. 北京：中央文献出版社，2000：48.

心理学会、地质学会、音乐会等①，清华大学的清华体育协会、达德励志会、清华话剧社、辞社等。此外，颇具影响力的《清华周刊》也盛行于这一时期②。

受五四运动前夕的政治时局影响，除校内大学生组织以外，当时全国还存在一批规模庞大的跨校跨地区学生组织，这些学生组织大多具有强烈的爱国主义倾向。以 1918 年 6 月成立的北京大学“学生救国会”为代表，其不仅吸纳了京、津两地各大专院校的在校学生，还广泛接收了社会各界的进步青年。1918 年，“学生救国会”聘请中国共产党早期创始人李大钊先生为顾问，组织南下宣讲队，深入山东、江苏、湖北、湖南、上海等主要地区的重点城市开展爱国宣传活动③。类似的大学生组织极大促进了群众性爱国运动的兴起，为五四运动奠定了重要基础。

（二）组织感染性特征分析

旧民主主义革命时期中国大学生组织的思想政治教育感染性主要体现为强烈的爱国主义思想和反帝反封建的革命要求。这一主要特征的形成，是由半殖民地半封建社会的国家形态决定的，也是列强侵略与民族危亡的时代映射。客观上，走向没落的无能政府和资产阶级的变革失败，导致国门被打开、列强豪夺、山河破碎、民不聊生，青年大学生身在其中，精神世界饱受摧残；主观上，中国传统文化提倡“天下兴亡，匹夫有责”，作为社会进步先导的青年学生，急切希望通过自己的努力来改变国家和民族的现状。因此，他们联合起来创建遍布校内外的爱国学生组织和青年团体，用以奔走呼喊、扩大影响，起到唤醒民众、激励政府的作用。可以说，强烈的民族意识是旧民主主义革命时期中国大学生组织第一和唯一的精神支柱。

二、新民主主义革命时期

新民主主义革命时期泛指从 1919 年五四运动开始到 1949 年新中国成立

① 刘克选. 清华与北大：中国两所著名高等学府的历史与风格. 北京：国家行政学院出版社，1998.

② 黄延复. 水木清华：二三十年代清华校园文化. 桂林：广西师范大学出版社，2001.

③ 黄兆康. 五四运动的总司令应是李大钊. 党史研究与教学，1988（6）.

结束，前后历程 30 年。新民主主义革命与旧民主主义革命的根本区别在于，新民主主义革命是由无产阶级领导的人民民主革命，其目标是推翻帝国主义、封建主义、官僚资本主义“三座大山”，彻底完成反帝反封建的历史任务。

（一）大学生组织的形成发展

1919 年 5 月 4 日，由北京大学发起、青年学生参与的五四运动，掀开了中国近代史的新篇章。作为国家和民族命运的重要转折点，五四运动的历史意义不言而喻。但究其为何是一场由大学生群体组织发动的爱国运动，北大原校长蒋梦麟曾言：“学生们因为有较好的组织，比较敢言，比较冲动，顾虑比较少，所以打了头阵，并且因此拨动了全国人民的心弦。”[①] 在这里，蒋梦麟说出了一个主要原因，那就是“学生们因为有较好的组织”，这种组织基础是在旧民主主义革命时期就已经形成的。另外，还有一个重要原因，那就是五四运动前夕的中国大学生对“民主”“科学”的深刻认识，这种思想认识在运动中转化为了实际行动。

立足今天回溯历史，我们可以发现，五四运动中中国大学生组织的发展变化是一个相对连续的过程。1919 年 5 月 1 日，北京大学部分学生获悉中国政府有意在《凡尔赛和约》上签字。3 日晚，北大联合其他在京高校部分学生举行集会，拟定“四条办法”[②]。4 日下午，北京 3 所高校共 3 000 余名大学生齐聚天安门示威游行，并引发“火烧赵家楼”事件。4 日晚，北京大学学生自治会成立。5 日，北京市学生联合会成立。11 日，上海市学生联合会成立。14 日，天津市学生联合会成立。19 日，北京各校学生共同宣布罢课。6 月，学生的影响和抗议活动不断扩大。16 日，来自全国各地高校及旅日学生代表共计 60 余人，在上海召开第一次全国学生代表大会，正式宣告全国学联成立。自此，中国大学生组织走上了民主自治的道路，学生会成为学生表达

① 钟叔河，朱纯. 过去的大学. 武汉：长江文艺出版社，2005：14.

② “四条办法”：（第一条）联合各界一致力争；（第二条）通电巴黎专使，坚持不在和约上签字；（第三条）通电各省于 1919 年 5 月 7 日国耻纪念举行游行示威运动；（第四条）5 月 4 日上午，北京高等师范学校与北京大学、中国大学等 13 校代表，在法政专门学校开会决议下午在天安门前举行集会和游行示威。

利益诉求和参与学校事务的主要途径，广大学生希望借助组织更多地参与国家事务，引领社会变革。

1921 年 7 月，中国共产党成立。1922 年 5 月，中国社会主义青年团成立。党团组织的相继建立，奠定了大学生组织长期发展的领导核心与指导权威。自此，中国大学生群体及其组织在中国共产党的领导下走向了反帝、反封建、反官僚资本主义的民族解放道路。

从 1931 年九一八事变到 1945 年日本向同盟国无条件投降，在长达 14 年的抗日战争中，高校大学生组织团结带领广大青年学生积极投身抗日救亡运动，发挥了不可替代的作用，做出了不可磨灭的贡献。相继成立的中国民族解放先锋队、南下扩大宣传团等大学生组织成为一二·九学生运动和一二·一六学生运动的主要策动者和主体参与者。在这一过程中，大学生群体更加支持和信赖中国共产党的领导，大学生组织本身也得到了进一步的巩固和发展。

抗战结束后，国内和平呼声空前高涨。1945 年 12 月 1 日，昆明学生发起“反对内战，争取民主”的一二·一爱国运动，成为国统区内民主运动的标志。全面内战爆发后，大学生组织成为很多主要城市中共地下组织的坚强堡垒。1947 年 5 月，全国高校学生又掀起著名的“三反”[①]运动。1949 年 3 月—4 月，第十四次全国学生代表大会和中国新民主主义青年团第一次全国代表大会先后召开，中华全国学联成立，全国学生组织实现大团结。

（二）组织感染性特征分析

新民主主义革命时期中国大学生组织的思想政治教育感染性主要体现为救亡图存的理想信念与富国强民的愿望。战火洗礼的青春是这一时期中国大学生和大学生组织的鲜明符号。他们的组织从无到有，他们的抗争从未停息，他们的斗争形式也不仅仅局限于集会和游行，学习小组、宣传队、歌咏团、戏剧社都是大学生发动民众、扩大影响、实现民族独立解放目标的有效载体。毛泽东曾指出：“数十年来，中国已出现了一个很大的知识分子群和青年学生

① “三反”即反饥饿、反内战、反迫害。

群。在这一群人中间，除去一部分接近帝国主义和大资产阶级并为其服务而反对民众的知识分子外，一般地是受帝国主义、封建主义和大资产阶级的压迫，遭受着失业和失学的威胁。因此，他们有很大的革命性。他们或多或少地有了资本主义的科学知识，富于政治感觉，他们在现阶段的中国革命中常常起着先锋的和桥梁的作用。”[①] 所以说，中国大学生组织是当之无愧的新民主主义革命的先行者和先锋队。

三、社会主义革命和建设时期

社会主义革命和建设时期泛指从 1949 年新中国成立开始到 1978 年改革开放之前，分为社会主义革命和社会主义建设两个阶段。新中国成立以后，我们党深入总结了大学生组织在新民主主义革命中积累的宝贵经验，并进一步鼓励和支持青年学生及学生组织积极投身社会主义革命与建设。但由于多种不利因素对高等教育的冲击，这一时期中国大学生组织的发展历程显得异常曲折。

（一）大学生组织的形成发展

新中国成立伊始，依据《中国人民政治协商会议共同纲领》，中央人民政府开始对全国高等教育全面接管和系统改造。共青团首先开始完善自身体系，在校外建立了行政架构下“中央-地方”的纵向垂直结构，在校内形成了校团委层层传导直至班级团支部的管理模式。同时，明确各级团组织作为党的助手，直接接受各级党委领导，严格遵循上下级组织纪律和行政约束，“科层制”“单位制”特征明显。1950 年 7 月，政务院出台《关于高等学校领导关系的决定》，要求健全高校党团组织和学生会设置，形成自上而下、统一规格的大学生组织体系。次年 7 月，全国学联第十五次全国代表大会在京召开，修订《中华全国学生联合会章程》和学联执委会选举法。与此同时，政治与学术的关系愈发紧张。在知识界已经开展自我改造运动[②]的基础上，1951 年 11

① 毛泽东．毛泽东选集：第 2 卷．2 版．北京：人民出版社，1991：641.

② 胡绳．中国共产党的七十年．北京：中共党史出版社，1991：311.

月，中央再次印发《关于在学校中进行思想改造和组织清理工作的指示》，教育界整体卷入政治运动之中，致使以“自主”“自治”精神为形成基础的大学生组织失去生存空间。加之1952年开始的高等院校院系大调整，一批校园学生组织随之沉寂或消亡。

短暂的转机出现在1956年春天，毛泽东同志在最高国务会议第七次会议上提出实行“双百方针”[①]，提倡在文艺工作和科学研究中应有思考自由、辩论自由、创作批评自由和意见自由。这一重要论述使思想自由之光重回校园，大学生组织随之萌动。但接踵而来的“大跃进”运动、反右倾斗争、“四清”运动又不断对教育界予以沉重打击。在这一过程中，教师的主体地位和学术权威受到严重质疑，学生的地位相应提升。

（二）组织感染性特征分析

从大学生组织的思想政治教育感染性角度来看，20世纪50年代大学生组织的成员——新中国最早的一批大学生，充满了身为新中国成员的自豪感和为社会主义新中国奉献的革命激情。正如武汉大学原校长刘道玉先生所言：“二十世纪五十年代的大学生，是一代热血青年，每个人都有远大的理想，那时的大学简直就像是一座‘梦想剧场’，只要你进入这个‘剧场’，你就不能不产生梦幻。”[②] 换言之，社会主义革命和建设时期的大学生是新中国的见证者，他们所在的大学生组织甚至是新中国的间接“缔造者”。因此，这一时期的大学生对党和国家有着无法形容的真挚情感，大学生群体的“国家至上”理念和“集体主义”观念高于一切。

四、改革开放和社会主义现代化建设时期

党的十一届三中全会拉开了改革开放的序幕，是中国从站起来到富起来的关键转折，具有深远的历史意义和重大影响。中国高等教育及大学生组织在这一时期经历了一系列改革与调整。

---

① “双百方针”即百花齐放、百家争鸣。

② 刘道玉．一个大学校长的自白．武汉：长江文艺出版社，2005：33.

(一) 大学生组织的形成发展

1977 年 9 月，教育部在京召开全国招生工作会议，决定恢复中断十年之久的高考制度，高等教育拨乱反正由此开始，尊重知识与尊重人才的春天再次来临。恢复高考促使高校包括团委、学生会在内的各项工作步入正轨，德育概念重回研究和实践视野。1978 年，在教育部的文件要求下，诞生于清华大学的政治辅导员制度也得以恢复，通过辅导员建立以团支部为核心的学生干部队伍，通过学生骨干带动大学生实现自我教育与自我管理，通过优秀集体评选活动推动大学生组织发展，班集体的德育功能受到空前重视①。一些大学生自发组织也开始在校园中涌动和形成。当时在上海高校小有名气的复旦大学“书画协会”就是在此时期成立的，可以算作是“文化大革命”以后全国较早建立的大学生社团之一。20 世纪 70 年代末，真理标准问题大讨论将中国社会带入思想解放运动，身处改革开放大潮中的青年学生，在中国思想解放和西方思潮侵袭的双重冲击下，思想观念变得异常活跃又十分迷茫。1980 年，《中国青年》第五期刊登出一封《人生的路啊，怎么越走越窄……》的读者来信，引发了一场以大学生为主、全民参与的大讨论，讨论的主题是“主观为自己，客观为他人”②，无我的利他主义和单纯的集体主义受到质疑，“潘晓之问”成为时代留痕。

在改革开放的时代背景下，从 1981 年开始，我国高校迎来了继五四运动之后的又一次大学生社团热。文学和文艺类社团组织成为大学生追捧和参与的主要对象。比较有代表性的学生社团，如华东师范大学 1982 年 5 月成立的“夏雨诗社”，被誉为上海独特而富有生命力的大学生社团，涌现出宋琳③等一批优秀诗人，社团诗刊《夏雨岛》一度在全国的影响力颇大。1984 年，《中共中央关于经济体制改革的决定》颁行，在商品经济的转轨过程中，“读书无用论”甚嚣尘上。大学生的注意力发生转移，诗社少了，政治理论的学

---

① 方惠坚. 清华工作五十年. 北京：清华大学出版社，2003.

② 郑确辉. 对改革开放以来大学生关注的若干文化热点现象之回顾. 青年研究，2001 (4).

③ 宋琳，男，诗人、作家。1983 年毕业于华东师范大学中文系，目前专事写作与绘画，曾获得鹿特丹国际诗歌节奖、《上海文学》奖、东荡子诗歌奖等。

社多了。

此后，高校思想政治工作得到不断强化，大学生组织成为思想政治教育的重要阵地。

1992 年是中国历史发展的重要时间节点，邓小平同志发表南方谈话，党的十四大胜利召开，中国正式确立了社会主义市场经济体制的改革目标，高等教育体制改革也随之启动。从 1992 年开始，我国各条战线思想政治教育稳步推进，大学生组织发展基本上是一个连续的过程，而且发展趋势持续向好。1999 年，国家开始实施高校扩招政策，在校大学生数量不断增长，至 2004 年已达 2 000 万①。加强大学生思想政治教育成为紧迫任务。

2004 年 8 月 26 日，中共中央、国务院印发《关于进一步加强和改进大学生思想政治教育的意见》，其中着重强调了大学生组织在高校思想政治工作中的不可替代的作用，详细明确了组织管理相关要求，使大学生组织建设得到空前重视。在此阶段，伴随改革开放出生的“80 后”进入大学校园，因为个性鲜明、物质条件优越，一度被社会贴上“小皇帝”“垮掉的一代”的批评标签。2008 年，在中国发生的几个重大事件中，新生代青年大学生通过实际行动为自己正名。奥运圣火护卫战中的大学生群体、北京奥运会中的大学生志愿服务团体、汶川大地震中的大学生心理救援队和支教团、驳斥西藏骚乱歪曲报道的大学生网络组织等等，都充分展示了“鸟巢一代”② 大学生及大学生组织的责任感与使命感、影响力与创造力。

（二）组织感染性特征分析

改革开放以来，我国高等教育在党和国家的正确领导下，基本实现了平稳快速的发展。高校学生组织以促进大学生健康成长为主要目标，逐步走向

① 《中国共产党思想政治教育史》编写组．中国共产党思想政治教育史．北京：高等教育出版社，2016：423.

② “鸟巢一代”是韩国最大报纸《朝鲜日报》在 2008 年 8 月 9 日的新闻报道中提出并使用的，指那些受过高等教育、富有爱国心的中国年轻人。报道认为：这些年轻人成长于改革开放后，他们比父辈更加国际化，许多人为了成为奥运志愿者，苦学英语和国际礼仪，在北京奥运会志愿服务中表现出色，他们的集体亮相，让国际社会看到了充满活力的中国，看到了富有热情、尊重规则、充满人文情怀的新一代中国青年。

多元化、多样化、信息化时代，大学生组织的思想政治教育感染性特征体现为几个阶段。20世纪80年代，受思想解放运动影响，大学生组织感染性主要表现为自主寻求制度之外的思想和情感表达；90年代，受大学生就业形势变化影响，组织感染性主要表现为发奋学习以期成长成才的迫切愿望与现实需求；21世纪以来，中国国际地位逐步提升，社会主要矛盾发生深刻变化，大学生组织感染性主要表现为理性爱国的实际行动与实现国家富强的使命担当。

从1895年至今，纵观中国大学生组织形成发展的百余年历史，正是中国社会历经变革的历史。中国大学生组织正是在这样一个激荡变革的特殊时期一路走来，塑造历史，成就时代。作为国家和民族的一分子，我们应该感谢拥有这样的进步青年和学生组织。在解读中国大学生组织发展史的过程中，进一步明确大学生组织的传统与革新，明晰不同时代组织感染大学生的情感与情怀，可以帮助我们更好地理解大学生组织的思想政治教育感染性。

第三节　当前大学生组织发展的现实样态

下面对现实条件下大学生组织发展的基本样态进行研究。党的十八大以来，习近平总书记在不同时间、不同场合发表了一系列关于高校思想政治工作和青年成长成才的重要讲话，极大丰富和发展了党的思想政治工作理论，深刻回应了当前高校思想政治工作的实践关切，为当代大学生组织发展提供了目标引领和基本遵循。改革开放以来，长期社会转型发展引发大学生群体思想观念、思维方式和行为模式发生相应变化，进而促使大学生组织不断自我革新。中国特色社会主义进入新时代，思想政治教育要顺应时代潮流，回避旧眼光和老看法，及时关注变化的趋势和影响，理性科学地认识大学生所处的时代背景和大学生组织的现存问题，全面系统地分析大学生思想政治教育组织感染性问题。

一、大学生群体面临的时代境遇

列宁指出："真正建立共产主义社会的任务正是要由青年来担负。"[①] 党的十九大报告在最后特别强调："青年兴则国家兴，青年强则国家强。青年一代有理想、有本领、有担当，国家就有前途，民族就有希望。中国梦是历史的、现实的，也是未来的；是我们这一代的，更是青年一代的。中华民族伟大复兴的中国梦终将在一代代青年的接力奋斗中变为现实。"[②] 大学生群体是中国青年的主要构成和未来社会发展的中坚力量，对他们成长经历和时代背景的科学认识有助于研究进一步走向深入。

（一）世界背景对大学生群体的影响

人类的进步和世界的发展在大力提升生产力的同时，也深刻影响着人们的思想观念。第二次世界大战结束以后，经历长期的和平与发展，世界各国的联结与融合趋势加速，"全球化"概念应运而生。从 20 世纪 60 年代开始，尤其是中国加入世界贸易组织（WTO）至今，全球化给我国经济社会发展带来了不同程度的影响。党的十八大以来，中国政府在理念上提出的构建"人类命运共同体"和在实践中提出的"一带一路"倡议，有效提升了我国融入全球化浪潮的能力，相应完成了我们从参与全球化到主导全球化进程的角色转变。但与此同时，全球化既然能够带来机遇，就不可能没有风险与挑战，这在意识形态和思想文化领域表现得尤为突出。西方文化的价值观念、个人主义、享乐主义、拜金主义开始渗透进中国社会，产生了很多负面效应。大学生群体价值观尚未牢固树立，其更加易受上述不良思想的侵蚀，部分大学生在世界观、人生观、价值观层面受其影响，在消费观、婚恋观、道德观方面受其左右，产生了与社会主义核心价值观相背离的思想观念和行为方式。

（二）国家背景对大学生群体的影响

在中国从站起来、富起来到强起来的历史进程中，国家发展背景对身处

---

① 列宁．列宁选集：第 4 卷．3 版修订版．北京：人民出版社，2012：281.

② 习近平．决胜全面建成小康社会 夺取新时代中国特色社会主义伟大胜利：在中国共产党第十九次全国代表大会上的报告．人民日报，2017-10-28.

不同时代的大学生群体产生了不同形式的影响。当代大学生主要是改革开放以后出生的社会群体，改革开放以来的国家变化对其影响最为深刻。首先，生产生活方式的变化促使大学生的价值观念从一元走向多元、思维方式从被动走向主动、日常生活从封闭走向开放，整体呈现出复杂化与多样化趋势，与父辈的代际差异逐步显现。其次，科学技术的进步促使青年群体必须通过接受更长时间的教育来提高自身文化素质，这也间接为大学生组织的扩大和群体间频繁的朋辈交往创造了条件，群体文化特征更加鲜明。再次，受社会主义市场经济快速发展的影响，大学生在校期间的就业问题、升学问题、地域选择问题和毕业以后的住房问题、婚恋问题、发展问题，日益成为群体心理压力的主要来源。最后，伴随网络信息化和智能移动终端的广泛普及与频繁使用，人与人交往形式的变化在大学生群体中体现得最为明显，对大学生心理活动、社会参与和日常生活产生了很多负面影响。面对国家发展带来的相似性社会问题，当代大学生逐步成为群体识别度较高的特殊社会群体。

（三）社会背景对大学生群体的影响

2018 年，改革开放 40 周年。40 多年来，“改革”是中国社会从未间断的热词，更是伴随当代大学生群体一路走来的主题词，他们不仅享受着改革带来的物质红利，也拥有改革带给他们的精神体验。20 世纪 80 年代，我国迎来第三次人口生育高峰，出生率在 1987 年达到 23.3‰的峰值，1981—1990 年人口净增 1.43 亿[①]。自此，以独生子女为主体的一代中国人进入人们的视野，后来被社会称为“80 后”“90 后”，他们的个性和行为一度饱受舆论争议。随着高校扩招政策的实施，他们逐渐开始接受高等教育，空前规模的当代大学生群体形成。至 2016 年底，中国高校在校学生已达 3 699 万人[②]。如今，“80 后”早已步入社会，“90 后”已经毕业或正在学习，部分“00 后”已步入大学校园。在网络上，一些当代大学生戏称“我们竟然成了中国历史上唯一一

① 张瑜. 高校网络思想政治教育发展与创新研究. 北京：人民出版社，2014.

② 2016 年全国教育事业发展统计公报. 教育部网站，2017-07-10.

代独生子女”。“80 后”曾这样形容自身经历的社会变革：“出生时计划生育，家里独苗，打架都没人帮忙；读书赶上高校扩招，毕业了又取消‘包分配’；好不容易找个工作，福利分房没有了；准备结婚买房，又恰巧房价上‘珠峰’；如今安了家，又鼓励生二胎；四个老人两个孩儿，只有延迟退休能救我……”如此表述虽有偏颇，但也不失为一种现实写照，集中反映了社会背景对大学生的影响。

我们常说：时代造就人，也成就人。当前的大学生群体亲身经历了世界变化、国家发展、社会变革带给自己和家庭、学校和社会日新月异的变化，除旧布新的过程中个体和时代都在转变。他们不是孤立的群体，也不该被视为孤立的群体，他们所表现出来的任何思想观念和行为特质都是时代的烙印。我们要从思想政治教育的角度正视这种现象及其衍生出来的客观事实，通过正确的引导教育，培养出更多德才兼备、全面发展的青年学生，这是新时代高等教育的最终目的。

二、大学生组织发展的现实问题

改革开放以来，高校学生组织在继承传统的基础上，较好地实现了自身的快速发展，呈现出鲜明的时代特点。但不容忽视的是，受主客观因素的共同影响，当前大学生组织在组织模式、组织功能、组织活动、组织评价、组织发展等方面也暴露出很多问题，制约了组织感染性的有效发挥。

（一）组织模式固定化

组织模式固定化是指大学生组织形式和组织设置相对传统、单一和固定，并没有更好地结合时代发展和大学生内在需求变化而实现组织自身的多元化创新发展。一方面，除必要的既定选择型和体制约束型组织以外，学校和教育者对大学生组织类型缺乏顶层设计和整体规划，老旧组织形式对学生没有吸引力，有吸引力的学生组织往往又监管和教育不力；另一方面，现有大学生组织在部门设置方面存在叠加性和重复性问题，造成组织成员冗杂，组织分工混乱，组织工作效率低下，资源共享不足。

（二）组织功能工具化

大学生组织是高校思想政治教育的重要载体，而不只是便于管理学生的工具。从教育者的角度来看，部分教师对大学生主体及大学生组织没有做到应有的尊重，片面地将大学生组织视为提升学生管理效率、减轻工作负担的执行工具，并以自己的想法来代替学生的想法，以青睐的学生干部的意志代替组织的意志，这是思想政治教育者的失职；从受教育者的角度来看，长期缺少指导教师的参与，被工具化的学生组织会逐步丧失独立性，最终导致大学生组织沦为数量意义上的“集合体”，学生干部成为老师的“传声筒”。

（三）组织活动形式化

组织活动是保证大学生组织发展、满足大学生实际需求的关键所在，组织活动的形式化即组织内容的形式主义，形式主义就是脱离大学生的实际生活。当前，部分大学生组织开展的活动过于单调乏味、呆板枯燥，既不适应时代发展的要求，也没有契合个体发展的需要。“为组织活动而组织活动”“为完成任务而组织活动”“为宣传报道而组织活动”等现象都不同程度地存在，这样的活动，学生当然不愿参加。组织活动的形式化将使组织发展陷入非良性循环，导致大学生组织凝聚力和感染性缺失，甚至面临解体的可能。

（四）组织评价单一化

组织评价的单一化是高校大学生组织评价体系不健全、不科学的表现，这种单一化主要体现在两个方面：一是对组织本身评价的单一化。部分高校对大学生组织发展的评价往往不是内生的，而是外在的，更多关注校内外新闻媒体针对组织活动的报道数量，更多来自主要学生干部的评比材料和汇报演说，既不全面也不够客观。二是对组织成员评价的单一化。为保证组织活动的参与度，部分教育者或组织者会采取“记工分”的形式对组织成员进行考核，考核不达标甚至会影响学生的评奖评优资格，这种影响学生权益、降低组织声望的不妥行为，无益于大学生组织的长远发展。

（五）组织发展个人化

大学生组织的特殊性决定了组织发展常常会受到组织者个人因素的影响，但个人影响不代表组织发展的个人化，个人化是“唯我”的表现，不利于组织发展。从组织当前发展来看，个人化具体表现为组织者片面追求自己期望的功利性目的，力求标新立异，不顾组织的整体利益和成员的感受，将组织取得的成绩归功于个人而不是集体，以获得教育者的好评。从组织长远发展来看，个人化表现为组织对组织者的过分依赖或组织者对组织的过度影响，组织者一旦离开，新老成员无法衔接，组织文化无法承袭，这也就是某些大学生组织因人而兴、又因人而废的主要症结所在。

这里要着重指出的是，上述所列大学生组织发展的现实问题是经济社会发展的必然，是长期作用的结果，问题的表现并不局限在某一特定阶段。本书仅仅是从实际工作经验的角度出发，提供给理论界和从业者一个“靶子”，作为新形势下加强和改进大学生思想政治教育的一个参考而已。

三、组织与个体相互关系的变化

现今的大学校园里，辅导员老师会经常抱怨：学生没有集体观念；班集体凝聚力差；“开会”“办活动”总有学生很不情愿，像是在给老师“捧场”。学生组织中的学生干部也常常反映：干部不好当啊，自己挺优秀，但就是没有号召力；组织大家集体劳动或活动，不仅要提前通知，现场还要到寝室里去找人。学校也认为：为什么我们辛辛苦苦组织的报告会，却没有多少学生主动参加；学校大型活动，有时必须要通过学生工作部门或学院“摊派”人数和任务……大家不禁想问：当下组织与个体之间的关系到底发生了怎样的变化？传统的集体主义精神还存在吗？对此，我们要借鉴社会学的相关理论来回答。

（一）客观上个体离心组织的趋势

在社会学理论的解释范畴中，有这样两个概念：一个是社会变迁，另一个是社会团结。社会团结是社会变迁过程中的一个症结，只有个体的团结才能形成秩序，只有秩序的规范才能有利于社会的稳定结构。狭义上，团结是个体的聚拢；广义上，团结是因情感聚集而产生的一种精神。正如涂尔干认为的，团结是源于“集体意识”或“共同意识”①。个体离心组织的趋势会导致团结的基础崩坍，个体融入组织会实现团结前提下的精神升华。在大学生思想政治教育中，社会团结更多地表现为集体主义意识，最终目的是实现社会主义核心价值观引领下的大学生个体思想行为的再统一。

而在客观事实上，随着改革开放以后中国社会的发展与变革，大学生群体个性化、个人化表现日益明显，这就给基于大学生组织的思想政治教育造成了阻碍。具体来说，一是市场经济的发展减少了生存依赖。前面我们讲过，人最初的社会关系与社会交往需要源于对生存的渴望与对物质的依赖，而随着社会主义市场经济的不断发展和完善，人民物质生活得到极大丰富，较以往相比，个体对其他个体及组织的依赖程度不再迫切。二是社会发展助长了自我意识。改革改变的不只是经济社会，更改变了当代社会群体，尤其是青年群体的思维模式和行为方式。大学生在这种环境的影响下，自我意识得到充分释放，而自我意识带来的个体化追求正是个体离心组织的根本原因。三是科技进步降低了交往频率。科技进步不仅仅表现在网络信息化的日益发达上，但网络信息化的发展确实是降低人与人的交往频率、减少人与人面对面交流机会的主要原因。大学生群体对现代科技的接受和使用程度远远超过其他人群，因此受影响也最为明显。四是社会竞争导致个体“封闭”。有竞争就会有保留，这种保留是资源的非共享。大学生群体面对学业、就业等外界竞争压力时，部分个体就会出现由保留到“封闭”的自我状态，从而疏远组织、疏远他人②。

面对上述不利因素的影响，在依托大学生组织开展思想政治教育的过程中，思想政治教育工作者首先要更新组织教育方法，避免采用传统的理论原则，单纯说教是不会有说服力和号召力的，反而给人以保守、倒退的印象。要基于现代社会的特质和当前大学生的特点，从感性化的角度开展组织思想

① 涂尔干．社会分工论．渠东，译．北京：生活・读书・新知三联书店，2013．

② 孙其昂．社会学视野中的思想政治工作．北京：科学出版社，2017．

政治教育，强化组织的亲和力、吸引力和感染力，积极满足大学生的现实需求，促进大学生与大学生组织的融合。

（二）主观上个体寻求组织的需求

改革开放以前的中国社会及社会组织长期存在于“单位制”的框架下，个体观念要服从于组织观念，个体行为要受制于组织行为，集体与个人的利益权衡非常明确，那就是个人要服从于集体。当时的大学生群体与社会高度同构，“集体主义”教育一度上升为大学生德育的核心内容之一。改革开放以后，市场经济促使利益机制分化，传统的集体主义精神难以实现个体内聚，一味强调服从的价值取向难以满足人们日益多元化的现实需要。在大学校园中，学校主观性的、强制性的、布置性的和约束性的工作落实情况在学生组织中往往都走了样，尤其是大学生自发组织的大量出现和网络传播带来的交往便利，学生个体的选择空间和选择范围大大扩展，传统学生组织“门可罗雀”，新型学生组织却“门庭若市”。究其根本原因，是大学生基于自主思维和选择的“实质理性”[①] 在发挥作用。

日本社会学家富永健一认为，需要是社会变动的原因[②]。大学生群体所属成长阶段对于情感、归属和发展的需求是一成不变的，传统学生组织之所以对大学生个体的吸引力和凝聚作用逐渐衰退，主要原因是传统学生组织立足“集体主义”思维定式，未能有效实现大学生个体需求与组织发展之间的有机统一。而大学生自发组织多是个体成长需求的集中体现，内在需求推动个体自发建立组织、自主加入组织、自愿参与组织活动，从而完成组织与个体的双向互动与共同发展，这种己他两利的集体主义被称为“后集体主义”。在“后集体主义”组织中，个体需求的满足会引发个体主观上对组织的责任意识和担当意识，形成新的集体主义情怀。“后集体主义”并不是对传统集体主义精神的否定和舍弃，而是一种新的更加符合时代发展要求和大学生群体期待的集体主义形式。因此，从主观上来讲，当前的大学生个体不仅需要组织，

① 陈莉．走向后集体主义：当代大学生文化的价值分析．大学教育科学，2009（1）．

② 富永健一．社会学原理．严立贤，陈婴婴，杨栋梁，等译．北京：社会科学文献出版社，1992．

而且一直在寻求组织带给他们的归属感、认同感、获得感和幸福感。

思想政治教育工作者要充分认识新时代组织与个体相互关系的变化规律和发展趋势，洞悉社会团结与“后集体主义”的基本内涵，通过整合现有大学生组织的类型和功能，促进大学生组织更好适应社会发展与个体需求，引导大学生在融入组织的过程中谋求成长与进步。

第四章 大学生组织思想政治教育感染性的实证分析

思想政治教育本身是一种社会实践活动，任何试图解释和创新思想政治教育相关理论的研究必须立足于实践、回归于实践，包括大学生组织思想政治教育感染性。如果研究仅从已知理论去辩证衍生理论，可能也会得出较为合理的结论，但缺乏实践检验这一必要环节，难免存在主观臆断的成分，既不够严谨也不尽科学。因此，立足实践的实证分析是本书的一个基本定位。大学生组织思想政治教育感染性研究的实践性主要体现在，它是以具体的大学生组织和组织中的大学生个体为现实基础，力求通过实际案例验证、丰富和发展组织感染性理论，形成大学生组织思想政治教育感染性相对全面可信的理论架构。本章将在充分论证研究方法科学性、合理性的基础上，以数据呈现方式简要论述大学生组织认同与归属的基本特点与规律，重点放在对十种大学生组织感染性核心要素的分析上，以求验证理论假设。

第一节 实证研究的原则与方法

实证研究强调，要将研究对象放置在日常化、真实化的生活背景与生产实践中，通过收集整理具有一定样本规模的数据资料和事实依据，研究当前或预测今后一个时期的特殊现象和一般规律，回应理论期望。作为一种有效的研究范式，大学生组织思想政治教育感染性的实证研究，应基于新时代大学生群体特征和高校学生组织发展实际，综合运用文献考查、集体座谈、深度访谈、数据调研等研究方法与研究手段，获取研究所需的第一手资料，结合现有理论体系与技术路线对大学生思想行为展开深入分析，得出具有普遍意义的一般性结论。

一、开展实证研究的必要性

相对于纯粹的理论研究而言，实证研究有其自身不可替代的优势：第一，实证研究来源于日常实践，没有经过任何形式的加工处理与理论抽象，对客观事物的反映真实而全面，可以为研究者和思想政治教育工作者提供有温度、有感情的事实依据，不断拓展和加深对大学生组织思想政治教育感染性的理解程度。第二，实证研究可以呈现教育细节，形象地揭示事物的内在本质规律，使研究者和思想政治教育工作者更加清楚地把握个体与个体之间的差异化特征，更加直观地界定大学生组织思想政治教育感染性的影响要素。第三，实证研究能够直接证实前置研究的理论假设是否科学准确，反向验证既定事实与存在事实是否一致，帮助研究者和思想政治教育工作者进一步修正对大学生组织思想政治教育感染性的已有认识。

二、实证研究的基本原则

大学生组织思想政治教育感染性发生在人的思想意识与情绪情感层面，是大学生个体与个体、个体与组织、组织与个体相互作用的结果，其过程具有渐进性、复杂性和差异性等特点。因此，开展组织感染性实证研究，不能以简单方法片面处理，需要重点遵循以下几个基本原则：

（一）静态分析与动态分析相补充

静态分析法源自宏观经济学领域，多用于解释某一特定阶段各经济体之间在金融、贸易、财政等方面的经济均衡现象以及形成这种均衡现象的基本条件。静态分析法是一种“断面”考察方法，一般情况下会有意忽略时间因素带来的滚动效应，相对孤立地分析既有现象。静态分析法在思想政治教育学科中已有广泛应用，如对同一时间大学生思想特征的研究、对同一事件瞬时影响程度的研究，其意义在于把大学生群体的思想行为固定化，稳定反映均衡状态下的事物本质。将静态分析法引入组织感染性实证研究，目的是考察同一时间节点不同组织对大学生个体的归属感影响。与此相对的动态分析法，自然就是加入时间变量的研究方法，是对一段过程的整体把握。在已经选取的时间段内，很多相关因素都可能发生变化，且这种变化是一个不可控的联动模式，各要素之间会相互制约和彼此影响。动态分析法主要考察同一组织在不同时期对大学生个体的归属感影响。动态分析法是对静态分析法的有益补充，两者交替使用可以呈现一个相对完整的大学生组织认同与归属现状，为下一步研究打好基础。

（二）质化分析与量化分析相统一

质化分析法与量化分析法是社会科学研究的两种常用方法，两者的主要目的都是用以回应问题或解释现象，区别在于质化分析只对事物质的规定性作答，而量化分析只对事物量的规定性作答。质化分析法以事实说话，通过历史考证、文献挖掘、实地考察、回答提问等形式，注重阐发研究对象的本质属性和基本特征，以及主客体之间的辩证关系。量化分析法以数据说话，通过样本采集、调查问卷、统计分析等形式，注重以数字、图表等直观方式展现研究对象的发展趋势和主要特点。若要充分阐释一个社会问题或是一种社会现象，两种方法的结合使用是十分必要的。通常情况下，我们会采取“质化分析-量化分析-质化分析”的技术进路，即先用质化分析法对研究对象进行本质层面的理论解构，挖掘现象背后隐藏的深刻内涵，之后合理利用文献、问卷、走访、对话等研究手段，提取与问题直接相关的数据资料，得出量化分析结果，再用质化分析法提炼与总结对问题现象的规律性认识和科学性把握。对大学生组织思想政治教育感染性的研究，既涉及质化分析，也涉及量化呈现，在研究过程中两者应统一应用。

（三）个体分析与整体分析相结合

个体分析法与整体分析法结合使用是思想政治教育研究大学生群体思想意识和行为方式的基本共识。群体特征并不能代表所有个体的特点，个体表现也不能完整反映群体认知，只有充分实现两者的对立统一，大学生组织思想政治教育感染性研究才具备理论价值和实践意义。这同马克思对一般规律与特殊规律的认识是一致的，一般规律在特殊规律中体现，特殊规律受一般规律支配，一定条件下两者可以相互转化。在本书研究中，个体与整体的关系宏观上是学生组织发展史与当下学生组织的关系，微观上是大学生与大学生组织的关系。因此，我们一方面要从类型划分、基本特征、主要人群等角度对所有大学生组织进行整体分析，集中呈现大学生组织全貌；另一方面还要从个体认知角度梳理不同大学生对不同组织基于情感激发的组织感染性特征。

三、实证研究的具体方法

在实证研究基本原则的指导下，我们还要选择相对具体的研究方法加以应用。在思想政治教育中，具体方法要根据研究对象的特点来确定，针对不同问题和现象可以有不同的应用，针对不同呈现方式也可以有不同的选择，但最终目的都是为更客观、更真实、更形象地揭示事物的本质规律，更有效地解决教育实践困惑。对于相对简单的问题，我们可以采取单一的研究方法，利用“柱状图”“饼状图”“正态分布图”来呈现数据分析结果。但对于相对复杂的问题，单一研究方法和普通数据呈现方式难于直观展现研究结论的整体性和逻辑性。面对这一情况，我们通常会借鉴其他学科中较为成型的分析模型，通过替换相应的研究对象与研究变量，借力打力，化繁为简，将抽象理论“输入”分析模型，分析各变量的相互作用机制，再经转化“输出”实践结论，揭示思想政治教育规律。本书在前期深度访谈和问卷调查的基础上，采集一定规模的优良样本和基础数据，经过科学的筛选与统计，最后利用雷达图模型对不同类型大学生组织的思想政治教育感染性要素进行比对分析。对于访谈法和调查法，在这里不再赘述。我们重点强调一下雷达图分析法的适用范围和特点。

雷达图分析法最早出现在日本企业界，用于各企业通过对自身财务状况的评价，实现企业综合竞争实力的评估，从中可以直观发现企业发展过程中存在的优势与短板。一般条件下，用雷达图分析法评价企业的运行状况和企业的综合效益，通常遵循三个步骤：一是提取企业生产性、成长性、流动性、安全性和收益性五个要素模块（见图 4-1）。二是根据企业的发展水平确定每个要素模块的基准标的或比例水平。三是录入企业五要素的实际数据和相应产值，最终得出企业关注的主要结论。目前，对雷达图分析法的使用已不再局限于企业内部，在职业生涯规划、人力资源管理、政府服务效能分析等领域得到广泛应用。雷达图分析法从现象要素入手分析问题，具有科学性、直观性、逻辑性、稳定性等特点。根据相似理论①，我们也可将其用于大学生组织思想政治教育感染性的分析。

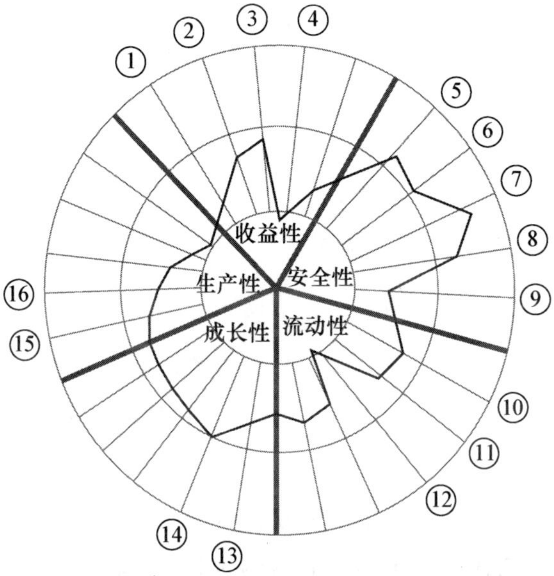

图 4-1　企业综合效益分析雷达图

注：收益性：①资产报酬率；②所有者权益报酬率；③销售利税率；④成本费用率
安全性：⑤流动比率；⑥速动比率；⑦资产负债率；⑧所有者权益比率；⑨利息保障倍数
流动性：⑩总资产周转率；⑪应收账款周转率；⑫存货周转率
成长性：⑬销售收入增长率；⑭产值增长率
生产性：⑮人均工资；⑯人均销售收入

第二节　大学生组织归属的现状分析

深入了解新时代大学生群体对不同类型组织的认同与归属状况是开展组织思想政治教育感染性研究的基础和前提。认同具有自我认同和集体认同之分。集体认同源自个体的社会成员身份，以及与此身份相关的价值观和情感，

① 相似理论是说明自然界和工程中各相似现象相似原理的学说，是研究自然现象中个性与共性或特殊与一般的关系以及内部矛盾与外部条件之间的关系的理论。随着“相似”概念日益扩大，相似理论已经从自然科学领域扩展到社会科学领域。

也就是个体身为一个群体成员的自我观念。较之自我认同，集体认同是一种更为稳固、持久、强大的力量，对个体的发展具有重要作用[①]。归属感是指个体将自己归属于某一团体，并对其产生亲切、自豪的情绪体验[②]。认同感属于归属感的一部分，归属感是认同感的更高层次。大学生只有加入相应的学生组织，并出于自身全面发展的某种需求对组织产生归属感，思想政治教育工作者才能通过组织实现感染效应。

一、归属的内涵与归属感的结构

归属也称归属感，在心理学视阈下属于人的精神意识的一种。归属感有广义和狭义之分。狭义的归属感概念最早由美国心理学家马斯洛提出，他认为：归属感是追求与他人建立友情，并在自己的团体里求得一席之地[③]。具体是指个体在思想和行为上与所在群体和谐统一、步调一致，个体对群体有强烈的依赖感和依靠感，在群体中能够获得自身的安全感和存在感，当群体处于成败关键阶段，个体会产生相应的情感体验。与狭义归属感仅将内涵建立在群体情感层面不同，广义归属感的概念更为宽泛，泛指个体在群体生活过程中产生的积极情感、心理倾向，也包括友好、向往、依从等高层次精神现象[④]。广义上的认识使归属感概念得以外延，范围得以扩展，宏观上可体现为个体对国家、民族的归属感，微观上可体现为对学校、家庭的归属感。

根据归属感形成发展的内在逻辑，可将其由低到高分为功利性归属感、参与性归属感、亲属性归属感、目标性归属感和精神性归属感五个结构层次[⑤]。

第一层次是功利性归属感。功利性归属感是人对物质依赖的集中反映，

---

① 吴玉军．现代性语境下的认同问题：对社群主义与自由主义论争的一种考察．北京：中国社会科学出版社，2012.

② 时蓉华．社会心理学词典．成都：四川人民出版社，1988.

③ 戈布尔．第三思潮：马斯洛心理学．上海：上海译文出版社，1987.

④ 朱及群．从归属感心理所想到的．国际关系学院学报，1988（3）.

⑤ 雷洪，朱岭．国营大中型企业工程技术人员劳动组织归属感及其相关因素分析：对武汉机床厂工程技术人员的调查．国际关系学院学报，1988（3）.

是最低层次的归属感表现，也是最不稳定的归属感形式。功利性既包括物质利益，也包括精神利益中的权利、名誉、声望等。当群体可以满足个体功利性需求时，个体表现出异常的归属行为，并可能在短期内为相关利益而与群体保持高度一致；相反，当群体利益不足或个体需求消退时，功利性归属感瞬间解体。

第二层次是参与性归属感。参与性归属感是一种较为基础的归属感形式，起码保证了个体对群体的认同。与功利性归属感不同的是，参与性归属感对利益的需求从“单一索取”转向“彼此合作”。因此，个体会积极履行群体要求的部分权利与义务，以期实现在群体中“合作”意向的达成，来满足自身发展的实际需要。值得注意的是，参与性归属感中个体对群体发展的贡献度较低。

第三层次是亲属性归属感。亲属性归属感是基于个体情绪情感的新的群体归属，这时的群体亦可看作是一种组织。亲属性归属感的作用体现为，可以促使个体更加明确组织目标，更为自觉地践行组织规约与组织制度，从而推动组织凝聚力和组织文化的形成。从研究本身来看，亲属性归属感是组织感染性的基本条件，只有当个体归属上升到这一层次，组织感染性才具备发生的前提。

第四层次是目标性归属感。个体的目标性归属感一旦建立，组织的发展就有了不竭动力。目标性归属感的形成过程，也是组织个体将组织目标内化为自身行为标准的过程，而且随着个体与组织之间的双向互动，组织的愿望会演变为个体努力奋斗的寄托。目标性归属感阶段是组织成员交互感染的关键时期，思想政治教育要注重对目标的正确引导，以免组织目标偏离主流价值体系。

第五层次是精神性归属感。精神性归属感是归属感的最高表现形式，也是归属感的“超稳定”结构形式。这一阶段，组织的精神标识及优良传统得以传承，个体对组织的归属还会触动某些道德品质的形成，如忠诚、忘我、奉献等等。组织感染性在这一归属层次上，无须过多外在因素驱动即可自然形成。

视外界条件、组织发展和个体水平的不同，上述五个层次的归属感既可能是一个连续渐进的过程，也可能只局限于某一两个阶段，具体问题要具体分析。

二、大学生组织归属的特点与规律

研究大学生组织归属问题，是探究组织思想政治教育感染性的前提性问题。新时代大学生的组织归属有其自身的特点和规律，这取决于大学生组织的现实样态，更取决于大学生的特质属性和发展阶段。长期以来，思想政治教育学科对于大学生组织归属进行了广泛而深入的调研，各地区、各高校的相关数据报告很多。本书结合已有研究成果，总结出如下特点和规律：

（一）不同年级大学生参与组织生活的范围呈阶段性变化

大学生群体在高校学习过程中的年级更迭是由高等教育学制决定的，一般情况下，我国的本科教育学制为四年，大专教育和高等职业教育学制为三年。伴随年龄的不断增长和年级的提升，大学生的知识储备、社会阅历和自我认知实现由量到质的飞跃，个体参与组织的初衷发生相应变化，尤其是高年级群体更为显著。总的来看，不同年级大学生参与组织生活的趋势呈正态分布，具体表现在参与人数和参与范围上的“先扬后抑”。初入大学的大一学生对学生组织的认识是较为笼统和宽泛的，长期压抑的高中生活和自由发展的大学校园相比，新奇感占据了情感世界的主导，加之各高校“风卷残云”式的纳新活动和高年级学长学姐的“伟岸形象”，促使大一新生对学生组织“心向往之”。因此，这一阶段除班集体和学生寝室等既定选择型组织的自然吸纳外，学生个体会大量涌入各级各类组织，充实组织成员。进入大二，绝大多数学生对校园生活已经充分适应，学业压力和成长需求是个体参与组织寻求自身发展的主要动力。这一阶段的组织同时成为人际交往、情感依托和信息交流的重要平台，大学生参与组织的范围最大化，个体组织归属感持续增强。大三属于学生分流发展的关键期。此时，部分个体成为学生组织的核心，一方面发挥着不可替代的中流砥柱作用，另一方面也享受着组织带给自身的全方位历练与能力提升。而多数学生在面对保研、考研、出国、就业等多重选择时，要集中精力进行自我完善，无暇顾及和参与更多组织活动，逐步脱离原有组织，或者只保留参与与上述内容有关的科研创业型组织。大四阶段，传统学生组织基本完成换届选举，自主学生组织也渐次交接发展权益，组织生活带给青年学生的一切成长与温情化作永久记忆。

（二）不同类型组织对大学生的吸引力程度不同

本书在第一章第一节大学生组织的常见分类中提到，随着时代的发展和进步，当前高校学生组织的形式不断变化，衍生出很多新的组织类型，以满足日益多元化的学生发展需求。这种变化给学生个体参与组织提供了广泛的选择空间，他们可以根据自身的实际需要和自我偏好加以有效利用。以功能型、项目型和兴趣-友谊型这种组织划分为例，调研数据显示，约有50.6%的学生选择加入兴趣-友谊型组织（如老乡会、联谊会、学生社团等），所占比例最高；另有39.8%的学生选择加入功能型组织（如学生会、班集体、团支部等）；有21.6%的学生选择加入项目型组织（如科研创业团队、大学生特色工作室等）[①]。尽管以班集体为代表的传统学生组织在强化个体组织归属感、引导核心价值观、发挥教育管理功能方面的作用不可替代，但实际情况是，新型学生组织更加符合时代要求与大学生偏好，其吸引力和号召力在不断增强。

（三）不同类别大学生对组织的参与偏好不同

分类体现学生特点，内隐学生对组织的参与偏好，立足思想政治教育对大学生群体进行特定分类是研究个体组织归属规律的有效方法。一般情况下，生源结构、学科特质、文化背景等客观因素都会产生一定影响。从生源结构来看，城市生源因物质环境相对优越，受教育质量相对较好，大多对新生事物接受更快，喜欢面对挑战，自我表现欲望强烈，倾向于选择参与学生会、团支部、班集体等组织类型。而农村生源在进入大学的初始阶段，往往需要一段时间的调整适应，选择相对保守，更喜欢加入学生社团、兴趣小组一类的学生组织。从学科特质来看，理工科学生探索意识较强，愿意选择科研、

① 杨晓慧．当代大学生成长规律研究．北京：人民出版社，2010.

创业、主题工作室等组织；文科学生人文气质深厚，倾向融入党团型组织和文史类社团、协会等。拥有不同文化、地域背景的大学生则在联谊会、同乡会等学生组织中更为活跃。

（四）移动智能终端的出现极大影响了大学生参与组织活动的积极性

移动智能终端是指可通过手机信号接入互联网，搭载IOS、Android等操作系统，在线或离线运行应用软件，实现通信、办公、娱乐、定位、消费等诸多功能的移动电子设备。常见的移动智能终端包括智能手机、平板电脑和可穿戴电子连接设备等。2000年3月，在美国上市的摩托罗拉A6188手机，可视为现代智能手机的鼻祖①。经过多年的创新发展，以苹果、三星、华为等厂商为主的移动智能终端产品呈现快速发展趋势，其承载的功能日益强大。工信部运行监测协调局数据显示，我国移动电话用户达10多亿。在用户流量的消费上，人均消费增速极为迅猛。在高校大学生群体中，移动智能终端的普及率为100%，达到“人手一部智能手机”的水平，大学生俨然成为“低头族”大军中的主力之一。这种高度信息化导致的结果是，部分自控力较弱的学生逐渐疏远了虚拟世界以外的人际交往与情感交流，集体意识日益淡化，组织归属持续削弱，这极大地冲击了大学生参与组织生活的热情。

三、组织归属感与组织感染性的关系

前面我们也提到，个体对组织的认同感与归属感是组织思想政治教育感染性发生的前提。当个体成员对组织形成较高层次的归属感以后，组织就愈发成为个体的一部分，组织的任何变化，都可能促使个体产生与之相对应的情绪情感或心理感受。实际上，这种情绪情感或心理感受也可以理解为组织思想政治教育感染性。心理学实验表明，在两种情况下个体对组织的归属感会得到不同程度的强化：一是当组织获得荣誉或取得成就时，个体身为组织成员的自豪感油然而生，归属愿望最为强烈；二是当组织发展面临巨大挑战

① 鲁帆．移动智能终端发展趋势研究．现代传播，2011（11）．

或外界压力时，这种无形的感受会传递给组织成员，个体对组织的责任感和担当意识被触动，组织归属感较平时更为强烈。上述两种情感的转化充分说明，组织通过感染性在不断强化大学生对组织的归属感。

从另一个角度来看，组织归属感还可以提供感染力量。在组织发展的过程中，当我们赋予组织主体意识时，那么个体与组织、组织与个体之间的关注是相互的。当组织成员通过自身努力实现组织目标或体现组织期待时，组织中的其他个体就会借助组织对其予以广泛的赞许和表扬，使个体体验到来自组织的肯定。这种肯定会潜移默化地转化为感染他人的力量。组织的感染力量可以鼓励更多个体去践行组织义务、实现组织发展。特别是当组织面临难以实现的目标时，由组织归属提供的感染力量能够最大限度地激发集体潜能，为团队战胜困难带来信心和力量。

第三节　高校大学生组织思想政治教育感染性要素分析

为更加直观呈现大学生组织感染性这一核心问题，我们陆续开展了三方面工作。首先，从不同层面选取了 100 名大学生（包括学生干部和非学生干部）进行“一对一”访谈，通过访谈提取不同组织对个体的潜在感染性要素，访谈有效性为 0.88。通过访谈环节，初步确定了 10 个潜在感染性要素核心指标，作为考量大学生组织感染性的主要维度，它们分别为“理想信念”“身份属性”“个人能力”“兴趣爱好”“温情世界”“文化互通”“创新创业”“社会责任”“青春意识”“自我存在”。然后，将访谈获得的 10 个潜在感染性要素以调查问卷方式下发到不同学生组织群体。累计下发问卷 1 000 份，覆盖 90%以上学生组织类型，问卷有效率 0.96。最后，经过数据整理，通过 SPSS 11.0 统计软件分析，对组织感染性要素变量进行主成分分析和权重分析，确定其重要程度，生成了针对不同类别大学生组织的雷达图模型。本书结合 10 种大学生组织的特征对感染性要素进行简要分析。

一、大学生党团组织感染性要素分析

党支部是中国共产党的基层组织。《中国共产党章程》第五章第三十条规定：凡是有正式党员三人以上的，都应当成立党的基层组织。高校学生党支部是先进大学生的集合体，是开展思想政治教育的重要抓手。共青团是党的助手和后备军，其组织属性是覆盖全国的进步青年组织。高校是共青团工作的重要阵地，高校共青团组织一般实行三级管理，分别为学校团委、院系团总支和班级团支部，各级组织目标明确、制度健全、管理缜密，下级组织严格服从上级组织的工作安排和活动要求。高校共青团组织基本涵盖了除党员以外的所有大学生个体，校院两级团委配备专职团干部，通过团组织推优成为党组织一员是大学生团员追求进步的主要目标。本书将党团组织放在一起分析，是鉴于两者在政治先进性上的一惯性。

以下为访谈摘要：

> (1) 我是去年成为预备党员的。当时申请加入党组织我是很认真的，我觉得共产党真的挺厉害，尤其最近这些年，国家越来越强大，大政方针都是党制定的，党功不可没……能成为党员，拥有这个身份，带着这个党徽，我觉得挺光荣。而且党支部的同学们都很优秀，至少说明我也不赖吧。
>
> (2) 团支部，没啥太大感觉……“主题团日”有印象，一个学期有几次活动，但好像跟政治没啥关系。剩下就是“推优”了，大家投票，气氛有点儿紧张。

下面是大学生党团组织的感染性要素“雷达分析图”（见图 4－2）：

访谈和调研数据反映，大学生党团组织感染性的第一要素是“理想信念的引领”，排在第二、第三位的分别是“身份属性的认同”和“社会责任的担当”。这说明当代大学生对马克思主义的信仰和中国特色社会主义道路的政治认同，学生对党领导国家取得的巨大成就感同身受，党（团）员意识凸显。值得注意的是，大学生团支部的感染性在逐步弱化。究其原因，本书认为有

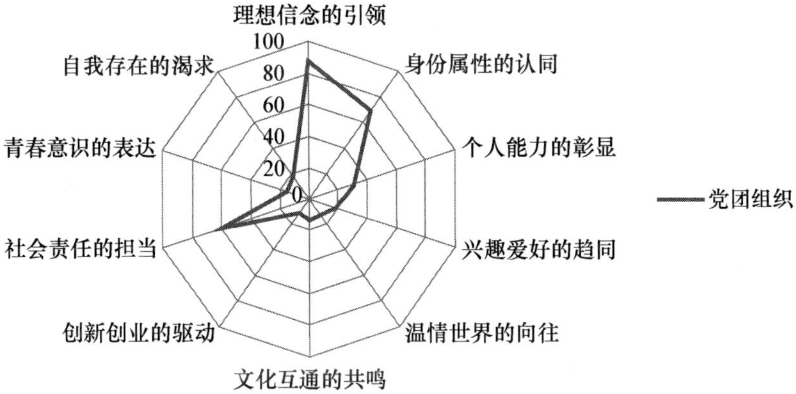

图 4-2　大学生党团组织感染性要素分布示意图

三个方面：第一，在结构上，团组织不是完全的学生组织，校院两级团组织的第一书记都是由教师担任，团组织科层化明显。在团组织中任职的学生与普通学生对团组织的认知完全不同。第二，在功能上，基层团组织的功能比较单一，主要围绕团会、主题团日和团员推优三项内容，对学生的吸引力不大。第三，在关系上，存在班团定位模糊的问题。大部分班集体与团支部捆绑在一起，班长和团支书往往是谁的能力强谁就多做一些工作，职责不清、界限不清，直接导致团支部功能弱化，思想政治教育感染性不强。

二、大学生班集体感染性要素分析

在高校中，大学生班集体是历史最为悠久的学生组织之一，是高校学生组织最基本的形态。大学生班集体的形成主要有两个原因：一是早期因学生共同学习需要而凝结成的班级，二是当前因学校管理和教学需要预先设置的班级模块。进入 21 世纪以来，伴随学分选课制实施、高校后勤社会化改革、网络信息化高速发展等客观原因，以及学生自主意识增强、交往方式变化等主观原因，大学生班集体逐步失去对学生个体的吸引力和凝聚力已经成为思想政治教育研究者和实践者的共识。当前，大学生班集体的功能主要体现在两个方面：一是作为教学、管理基本单元的功能，便于学校安排教学计划和集中式管理。二是大学生班集体为个体选择参与其他新型学生组织提供了群众基础，扩大了社交范围。两者之中，后者对本书的研究显得更为重要。

以下为访谈摘要：

（1）我在大二的时候当过班长。竞选时主要是想为班里做点儿事，顺便可以锻炼锻炼自己，一年的时间，收获还是蛮大的。但说实话，我觉得我这个班长没当好。我那时候雄心勃勃地制订了很多计划，希望大家按照我的想法去做，比如晨练、早读、晚自习……最后还得我去宿舍叫人，他们很不耐烦！

（2）班级搞的春游还挺有意思，再就是新年联欢会，全班包饺子，其他……好像没啥了。平时看不到班级同学，要是没有这几个活动，班就更不像班了。它只能证明我是这个班的。

下面是大学生班集体的感染性要素“雷达分析图”（见图 4－3）：

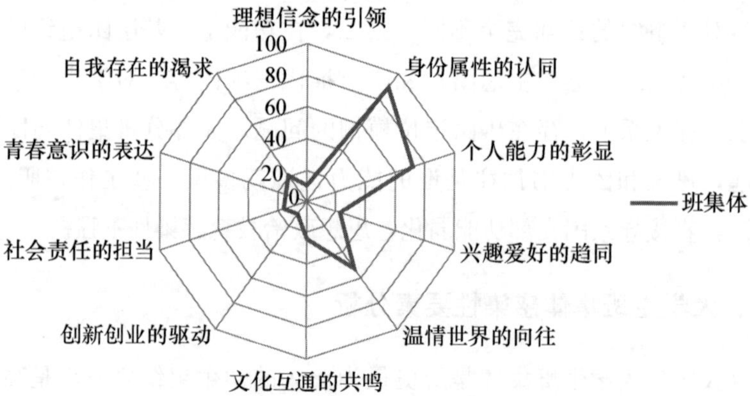

图 4－3　大学生班集体感染性要素分布示意图

访谈和调研数据反映，大学生班集体感染性的第一要素是“身份属性的认同”，排在第二、第三位的分别是“个人能力的彰显”和“温情世界的向往”。这说明，班集体的感染力在持续弱化，其仅仅是大学生的一个身份属性。究其原因，有以下几个方面：第一，班级干部的确定虽然存在民主选举程序，但缺少制度规范。第二，班级第一负责人——班长的个人魅力对班级凝聚力起决定性作用，这种随机性不利于组织发展。第三，学分制影响班级成员的非主动式交流，班级管理中心与学习生活中心分离加剧。第四，班级事务性职责庞杂，活动形式不能满足学生的真正需求，凝聚力不断削弱，甚至仅仅成为“传话筒”，组织思想政治教育感染性几近丧失。

三、学生会（大学生联合会）感染性要素分析

学生会组织是我国最常见、最普遍的学生组织类型之一，在高校学生组织发展历程中历史悠久，发挥着不可替代的作用。高校学生会一般分为学校和院系两级，拥有自身的组织章程，内设多个职能部门，各级负责人由大学生选举产生，是学校联系学生的桥梁和纽带。学生会成员是普通同学的忠实代表，是学生利益的代言人，承担着实现大学生自治与服务学校发展、服务学生日常事务的重要职责。地方、学校各级学生会组织隶属全国学联，执行全国学联相关政策决议，而全国学联也是全国青联的团体会员之一。

以下为访谈摘要：

(1) 我是校会（学校学生会）的干部。校会特别锻炼人，全都是各院系的“大牛”同学，要不进不来。以前我的表达能力不好，但现在大家都说我是“话痨”，改变自己看得见！校团委指导部（学生会指导部）的老师和我们的关系也特别好……反正校会给了我很多。

(2) 我是学院学生会的。要说学生会感染我的，应该是责任吧，就像每年迎新生，基本都是我们负责。去年我们一起等最后一个来报道的同学，等到后半夜（凌晨）一点钟，那种坚持，那个兴奋劲儿，那种存在感……终生难忘啊！

(3) 我喜欢学生会的氛围，工作起来不要命，玩儿起来特疯，轻松和谐，超级开心！

(4) 学生会?! 那都是“当官”的，整天围着老师团团转，跟我没啥关系。好好的同学，一进学生会整个人都变味儿了，颐指气使、油腔滑调的。我觉得他们已经严重脱离群众。

下面是大学生学生会的感染性要素“雷达分析图”（见图 4-4）：

访谈和调研数据反映，大学生学生会感染性的第一要素是“个人能力的

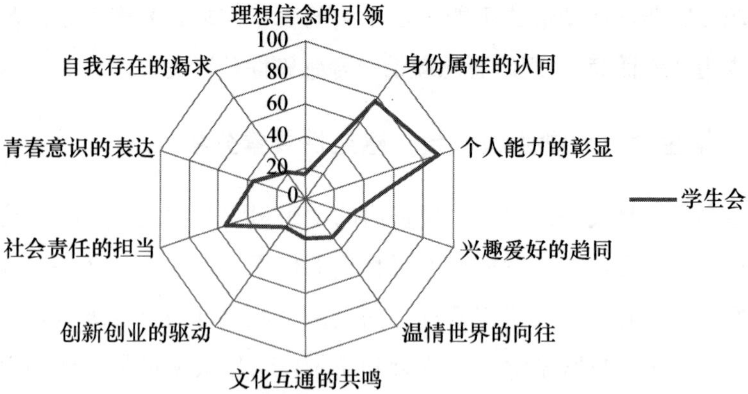

图 4-4 大学生学生会感染性要素分布示意图

彰显”，排在第二、第三位的分别是“身份属性的认同”和“社会责任的担当”。这说明，在科层化明显的学生会组织中，组织对成员的感染性很强，尤其是在个人能力、个人情感、人际关系和团队文化方面。原因有三个方面：第一，认同感、归属感强。在访谈中，“我们学生会”一语使用频率很高，说明学生对所在学生会组织非常认可，并乐在其中，这实质上是一种“情感式行为”①。第二，精英化、专业化取向明显。高校学生会组织已经逐步发展为专业化的管理机构，而且其吸收的学生个人素质都很强。第三，团队文化影响。学生会有自己独特的“文化”，日益成为高度整合、明确分工的相对封闭的组织。值得注意的是，部分学生会组织“行政化”倾向严重，脱离学生群众，引起非组织成员的反感，这是非常严重的错误，也是新形势下高校学生会改革的重点内容之一。

四、大学生社团感染性要素分析

学生社团是成员自愿组成的，为达成共同意愿，满足个体全面发展需求，以兴趣爱好为转移并按其组织章程开展相应活动的非营利性学生群众组织。京师大学堂“抗俄铁血会”揭开了学生社团运动的序幕，至今我国高校学生社团组织已走过百余年历史。五四运动前后，具有现代意义和新文化性质的

① 韦伯. 社会学基本概念. 顾忠华，译. 桂林：广西师范大学出版社，2005：32.

学生社团组织蓬勃发展，极大地推动了国家的进步和民族的独立。当前，大学生社团组织已经成为高校学生组织中不可或缺的重要组成部分，是最受学生欢迎的学生组织，是校园文化的重要载体，是开展第二课堂教育的主力军。当前，高校大学生社团发展非常迅猛，仅北大、清华、复旦、上海交大四校登记注册的社团就达 952 个①。

以下为访谈摘要：

（1）社团给了我很大的自我塑造空间，学到了知识，找到了“闺蜜”，我喜欢这种团队合作的感觉！

（2）××协会是我心中的“精神家园”，这是最高评价了。温暖、实干、享受……

下面是大学生社团的感染性要素“雷达分析图”（见图 4－5）：

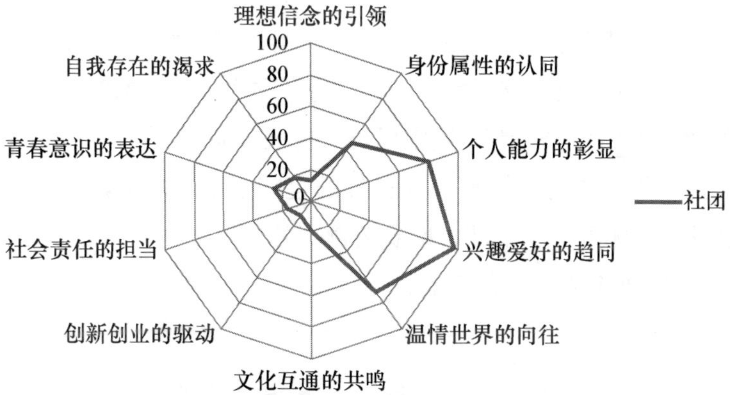

图 4－5　大学生社团感染性要素分布示意图

访谈和调研数据反映，大学生社团感染性的第一要素是“兴趣爱好的趋同”，排在第二、第三位的分别是“个人能力的彰显”和“温情世界的向往”。社团组织的优势是形式多样，打破了院系、学科界限，吸引兴趣爱好趋同的同学，充分发挥个体的创造性，开展集思想性、艺术性、知识性、趣味性于一体的社团活动，其组织感染性的影响要素也往往体现在上述优势中。但社

① 资料来自北京大学、清华大学、复旦大学、上海交通大学官方网站。

团发展也存在一些突出问题：第一，社团普遍存在文化传承不足的问题。主要原因是社团负责人大部分都是低年级成员，年级提升后人员更替频繁，社团建设往往是“虎头蛇尾”，社团文化难以承袭。第二，在兴趣爱好之外，社团也存在不同程度的功利化色彩，比如马列协会，据部分同学反映，不加入该类协会就不能成为入党积极分子，所以空有庞大成员，却很少有人响应活动。上述问题需要思想政治教育工作者深入思考。

五、大学生寝室感染性要素分析

寝室是大学生在校学习生活的特殊组织形式。寝室是学生的第一社会、第二家庭、第三课堂，是集生活、休息、学习、能力培养、思想交流和信息沟通等功能于一体的综合性场所，是学生成长的“重要后方”①。可以说，寝室是大学生组织中形式最简单、结构最稳定、影响最深入的一类。新生入学第一天接触的组织就是寝室，寝室成员一般由院系管理部门直接分配，而且4年中几乎不会发生变化。据了解，大学生每天在寝室停留的时间在12小时以上，是学生心目中的“家园”，寝室成员的价值取向、学习风气、生活习惯在组织内部极易发生“交叉感染”。在良好的寝室氛围影响下，人人积极向上，奖学金获得者、优秀学生干部、保研名额“扎堆”出现。因此，这种基于组织感染性的现象值得我们总结反思。

以下为访谈摘要：

(1) 我们寝室还行吧，挺和谐，“温馨小窝”，有家的感觉。但我们隔壁寝室很厉害，她们寝室早上6:40准时起床去图书馆学习，一个也不落，都坚持一年多了，全寝都有奖学金啊！我都服了……“学霸集中营”。

(2) 寝室感染？一起玩“王者荣耀”算不算？

下面是大学生寝室的感染性要素“雷达分析图”(见图4-6)：

① 李忠军，张森林. 大学生组织归属状况调查研究. 中国青年研究，2008 (5).

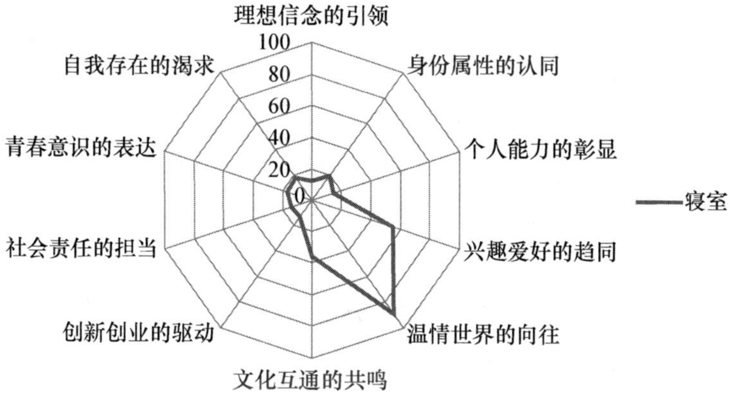

图 4－6 大学生寝室感染性要素分布示意图

访谈和调研数据反映，大学生寝室感染性的第一要素是“温情世界的向往”，排在第二、第三位的分别是“兴趣爱好的趋同”和“文化互通的共鸣”。关于寝室感染性问题，本书在第六章还将详细阐释，这里主要强调一下寝室关系对大学生组织发展结构的影响。寝室关系的基础在很大程度上取决于寝室成员的构成，大学寝室是在学生入学之前就已经分配好的。一般情况下，辅导员老师会根据学生入学成绩、学生籍贯分布、学生民族结构、学生爱好特长等个体属性中的某一项或多项进行规律性的划分，目的就是避免拥有同一属性的大学生过度集中，造成寝室关系紧张，或者寝室成员发展上的单一化。寝室是大学生组织的“细胞”，作为大学生班集体的次一级组织，寝室关系是影响班集体人际关系的重要因素，更是构建班集体核心凝聚力的关键。良好的寝室关系不仅可以强化组织范围内的正向感染，还可以有效促进上一级组织的组织感染性发挥，对整个大学生组织结构的稳定性起到至关重要的作用。反之，矛盾频现的寝室关系会导致消极堕落的寝室氛围，无论对大学生个体还是大学生组织，其带来的影响都是破坏性的。

六、大学生同乡会感染性要素分析

同乡会是相同地域、相同族群、相同文化汇聚交融的主要载体与表现形式。“乡愁”是一种对家乡眷恋的情感状态，这种情感状态既是中华传统文化的重要体现，也是人类共同而永恒的情感维系。高校生源广泛，文化多元，具备同乡会存在的天然土壤，这使得这一学生组织经历了较长时间的发展过程。在西南联大时期，受抗战影响，学生与家人的联络极为不便，作为当时重要组织形式的大学生同乡会，逐步发展成为学生沟通籍贯地政府和社会的有效纽带。如云南省政府设立的“滇籍学生奖学金”，就需要通过云南同乡会向学校提出申请，再由学校分发给学生[①]。同乡会组织充当了学生个体适应校园生活的调节器和缓冲器。其组织结构相对松散，几乎没有准入门槛，成员构成单一，没有明确的规章制度。组织者大多以自荐形式产生，随着年级升高而逐步更替。组织成员可以在这类组织中获得情感支撑，寻求情感交流与情感帮扶，对人际交往能力的养成具有重要意义。

以下为访谈摘要：

(1) 在同乡会中印象最深的是入学第一年的中秋节。那时军训刚刚结束，同乡会的学姐找到我，一起开了联欢会……那个晚上，见到好多四川老乡。入学时的苦闷、孤独、彷徨、想家等一大堆情绪，统统“KO”（有“击败”的意思）了！

(2) 我来自新疆喀什，来学校感觉地域文化差异很大。在同乡会中，感觉有话说，有家的感觉。同乡会对我学习上的帮助也很大。

下面是大学生同乡会的感染性要素“雷达分析图”（见图 4－7）：

访谈和调研数据反映，大学生同乡会感染性的第一要素是“文化互通的共鸣”，排在第二、第三位的分别是“温情世界的向往”和“身份属性的认同”。文化互通与情感交互是大学生同乡会的主要维系手段，也同时成为组织感染性的要素体现。新时代我国教育事业的快速发展，使越来越多的青年学生有机会进入大学校园接受高等教育。对于异地求学的大学生群体来说，没有任何事物和情感可以代替源自乡情的信任与互助，没有任何一种声音可以代替一句充满乡音的问候与鼓励，由生源省份促成的同乡会组织正是有效契合了大学生个体的这种心理归属需求。因此，我们认为省籍意识在很大程度

① 杨立德．西南联大的斯芬克斯之谜．昆明：云南人民出版社，2005：345.

上依然是人们对以省为单位的桑梓之地的归属感与自豪感①。

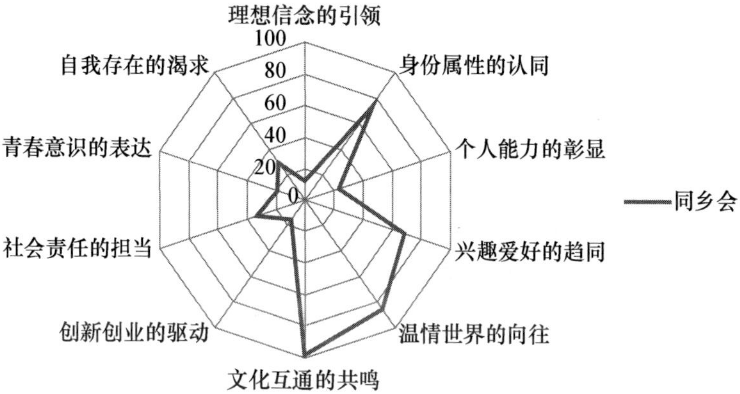

图 4-7　大学生同乡会感染性要素分布示意图

七、大学生科研创业组织感染性要素分析

大学生科研创业组织，顾名思义就是围绕大学生科研和创新创业形成的学生组织，这种学生组织通常以“工作室”“工作坊”等团队形式存在。大学生科创组织与大学生社团有显著的区别：第一，在管理方式上，大学生社团一般都要接受学校社团联合会的统一管理，成立需要注册，撤销需要登记。而大学生科创组织则不同，它们或是独立运行，或是接受校内其他单位（如网络信息中心、就业指导中心）的直接指导。第二，在运行模式上，社团属于开放性组织，乐于接受更多成员加入；而科创团队相对封闭，准入门槛高，半职业化、专业化程度较高。此外，大学生科创组织还有一些自身的显著特点，包括拥有明确的“业务目标”和“团队理念”、实行“主管负责制”、与校内管理部门形成“合作契约”关系、遵循“企业模式”运行等特点。

以下为访谈摘要：

（1）我们团队强调的是管理，因为只有在管理中才能创造更大效益。

① 张晶萍. 省籍意识与文化认同：叶德辉重建湘学知识谱系的努力. 湖南大学学报（社会科学版），2008（2）.

我们的主管就是我的学长，他在这个工作室待了四年半了，现在在读研，是团队的顾问。他的技术非常棒！对我们影响很大。

（2）工作坊每周开一次例会，每年搞两次集体旅行，AA 制的。我觉得这个舞台足够大，我们的网络技术在全省高校也是一流的。喜欢和大家在一起。

下面是大学生科创组织的感染性要素“雷达分析图”（见图 4－8）：

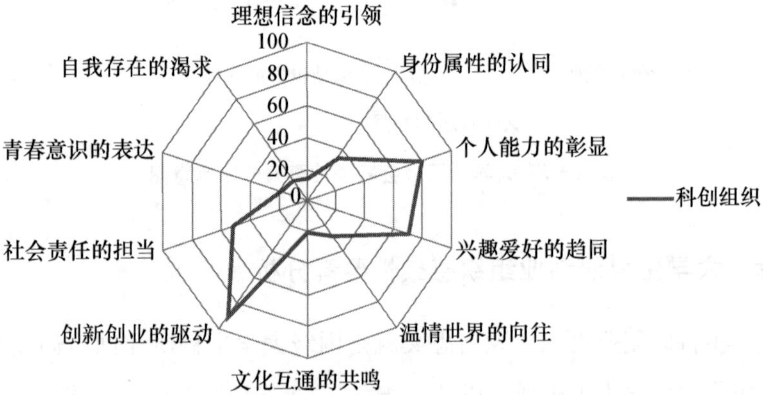

图 4－8　大学生科创组织感染性要素分布示意图

访谈和调研数据反映，大学生科创组织感染性的第一要素是“创新创业的驱动”，排在第二、第三位的分别是“个人能力的彰显”和“兴趣爱好的趋同”。大学生科创组织属于近些年刚刚兴起的新型学生组织，在“大众创业，万众创新”的时代背景下，这种学生组织的规模和影响日益扩大。大学生科创组织的出现切实满足了学生学习、研究与职业发展的需要，其组织感染性体现在以下几个方面：一是大学生科创组织的发展目标大多与学生所学专业紧密相关，可以有效推动个体之间自主学习、相互学习氛围的形成。二是大学生科创组织的成员具有相同的专业背景与共同的创新创业意愿，在团队研发、集体攻关过程中，合作与交流更好地促进了个体对组织的情感归属。三是大学生科创组织因其特殊属性，对学生个体的影响是长期的，甚至在组织成员就业以后，还可能因为研究领域或职业技能的趋同性而彼此联络。

八、大学生志愿服务团体感染性要素分析

联合国组织将志愿者（volunteer）定义为不以利益、金钱、扬名为目的，而是为近邻乃至世界进行贡献的活动者；具体指在不谋求任何利益回报的前提下，自愿加入相关团体组织，主动承担社会责任，志愿奉献个人精力，为有需要的人士提供力所能及的帮助或服务的人。在我国高校，青年志愿者协会是主要承担这项任务的大学生组织。自1994年12月5日，共青团中央成立中国青年志愿者协会以来，中国青年志愿者注册人数已突破6 700万。志愿类组织奉行“奉献、友爱、互助、进步”的准则，服务内容和方式多种多样，如扶贫接力计划、西部计划、“三下乡”活动、共建和谐社区、大型活动志愿服务等。

以下为访谈摘要：

（1）我的家庭条件比较好。参加红烛志愿者协会实际上是一种偶然，我是陪室友去的，后来自己也报名了。但两年来，协会开展的活动对我影响非常大……现在我觉得，“帮助他人，快乐自己”不是口号，而应该是行动。

（2）我们有一个支教团，办了8年了，据说最初就5个人，现在全校150多人，啥学科都有。每年暑期选一个贫困地区支教，一待就是20多天，统一服装，还有一杆大旗。我觉得很有感染力，我要坚持下去！

下面是大学生志愿服务团体的感染性要素“雷达分析图”（见图4-9）：

访谈和调研数据反映，大学生志愿服务团体感染性的第一要素是“社会责任的担当”，排在第二、第三位的分别是“理想信念的引领”和“温情世界的向往”。勇于担当社会责任、乐于奉献他人是其感染大学生加入并忠于该类组织的主要动因。在参与志愿服务的过程中，大学生立足自身的专业知识、实践技能、奉献精神，通过形式多样、寓教于乐、切实所需的服务活动，为社会和广大人民群众办实事、办好事，个体能够更加深刻地体会到社会道德关系的重要性。同时，志愿服务活动成效的体现即组织目标的实现，进一步丰富了大学生个体的情感体验。在社会和服务对象的一致认可中，大学生价

值体系中的社会责任感和道德使命感会被放置在更为显要的位置。因而，大学生志愿服务团体是开展思想政治教育感染性教育的良好载体。

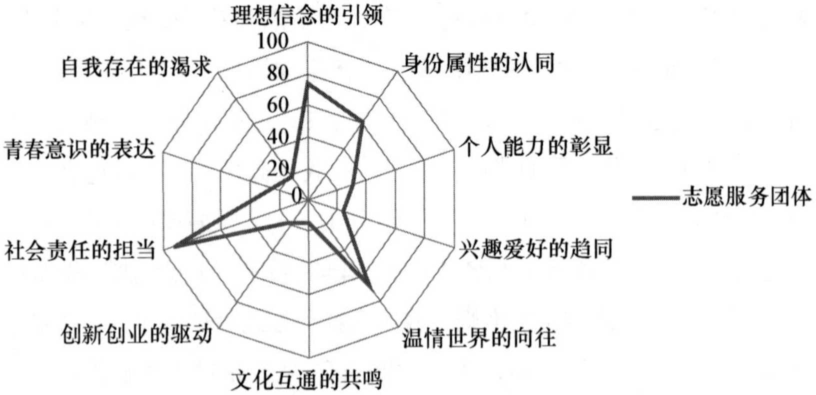

图 4-9　大学生志愿服务团体感染性要素分布示意图

九、大学生校园媒体感染性要素分析

大学生校园媒体在我国也有着较长的发展历史，尤其是五四运动前后，高校作为新文化思想的发源地和新文化运动的策动地，校园媒体承担着重要的思想宣传功能。在当时的历史条件下，各高等院校都或多或少存在教师指导创办或学生自主创办的报刊社，部分刊物在传播马克思主义理论、激发青年学生参与救亡的革命热情方面发挥了不可替代的积极作用。而且这些校园媒体因为受众不仅局限于校内师生，还有广大人民群众，成为无产阶级革命的重要思想武器。改革开放以来，中国新闻传播事业的发展得到了党和国家的大力支持，高校学生媒体也在继承传统的基础上实现了更为多元的发展。从广义上来看，大学生校园媒体涵盖了高校内部的各级各类传播媒介，包括学校网站主页、校报、校刊，校广播电台、电视台以及微信公众号等。狭义上，则专指由大学生主要参与、受众群体为学生、传播内容面向学生的校园媒体组织。由于大学生校园媒体所处地位的特殊性，在引导大学生思想意识和价值取向方面具有主导作用，因此日益成为大学生组织体系中的重要一环。

以下为访谈摘要：

（1）我本身就是学新闻专业的，学校广播站的工作契合我的专业。我外向吗？（笑）其实我挺内向的，但是在话筒面前，想想有那么多同学在去食堂、回宿舍的路上听我播送的新闻，我有一种急切的渴望去表达。

（2）老师，我们办的微信公众号你看过吗？（回答：看过，我手机里就有。）今年在省内大学排第一！我为自己的媒体打 call（网络用语，用以表达喜爱之情）！明年我们还要推送更多的文章。

下面是大学生校园媒体的感染性要素“雷达分析图”（见图 4－10）：

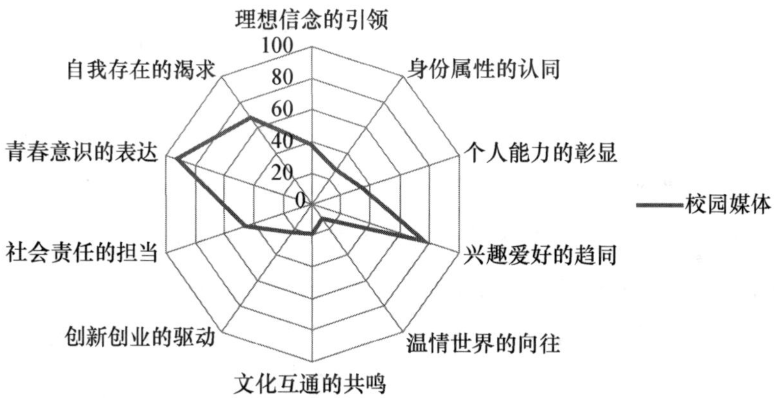

图 4－10　大学生校园媒体感染性要素分布示意图

访谈和调研数据反映，大学生校园媒体感染性的第一要素是“青春意识的表达”，排在第二、第三位的分别是“兴趣爱好的趋同”和“自我存在的渴求”。如今，大学生校园媒体形式日趋多样，受众群体的关注度和认同度持续攀升。以某高校的一个学生会微信公众号为例：2017 年，经此公众号发布的内容，阅读总量达到 244W＋，篇均阅读量 5 406，点赞总量 3W＋，篇均点赞量 82，微信传播指数（WCI）达到 919.32，公众号估值人民币 3 415.15 万，最热文章获得了 10W＋阅读[①]。由此数据可见其影响力程度。此外，由于大学生校园媒体具有组织传播效应，其组织感染性不仅仅体现在组织内部，更

① 数据来源于“清博指数”。

体现在组织以外更大的受众群体中。合理引导和规范大学生校园媒体组织，使其始终与社会主义先进文化前进方向保持一致，是新形势下高校思想政治工作的重要任务。

十、大学生网络自组织感染性要素分析

伴随20世纪90年代互联网技术的兴起，信息数字化时代突飞猛进，这极大地改变了人们的传统生活方式。大学生作为知识素养较高的青年群体，对互联网应用的接受能力极强，网络已经成为当代大学生生活的一部分。传统的网络自组织主要有网络社区、QQ群、BBS、博客、微博等，新兴的网络自组织以微信、直播、抖音等App为代表，主要通过移动智能终端实现，信息传达更为迅速、精准和便捷。网络自组织具有不同于传统组织的基本特征，如开放性、虚拟性、随意性、即时性、隐秘性、不稳定性等。

以下为访谈摘要：

（1）我喜欢在朋友圈里给朋友点赞，只要看到必点。我发朋友圈也希望评论一大片……有存在感呢！不然多桑心（伤心）。

（2）啥叫网络自组织？啊……面对面建群很方便，来，咱们几个建个群吧！

下面是大学生网络自组织的感染性要素“雷达分析图”（见图4-11）：

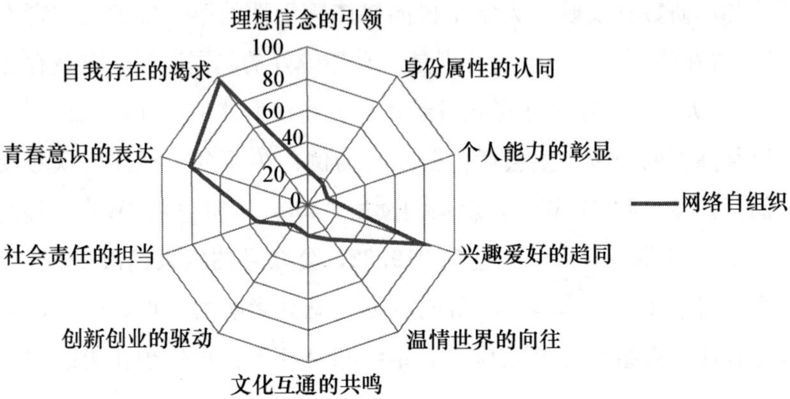

图4-11　大学生网络自组织感染性要素分布示意图

访谈和调研数据反映，大学生网络自组织感染性的第一要素是“自我存在的渴求”，排在第二、第三位的分别是“兴趣爱好的趋同”和“青春意识的表达”。绝大多数网络自组织的特点是“有事则聚，无事则散”，参与个体即组织的核心，自我意识即组织的“灵魂”。学生的个性在虚拟的网络中得以最大化地彰显，情感可以极大释放，自我存在感和充分的自我意识表达感染激发了大学生个体加入这类组织的热情。在网络信息化日益发达的今天，积极开展以网络为阵地的思想政治教育工作是趋势，也是必然。

第五章

大学生组织思想政治教育感染性的机理和规律

大学生组织思想政治教育感染性的机理和规律，是对前文理论与实证研究的进一步提升。所谓机理，原指事物内部存在的工作原理①。而思想关系的机理，是个体与个体思想之间相互作用的基本原理②。我们通常认为，客观物质世界中任何事物的形成发展都存在一定的规律性。从理论上讲，规律是事物本身所固有的、稳定的、必然的本质联系。换言之，给定条件出现既定结果就是规律。列宁指出："规律就是关系……本质的关系或本质之间的关系。"③ 这一论述告诉我们，规律是事物形成发展过程中的本质联系与必然趋势。前面我们已经明确了大学生组织思想政治教育感染性的本质属性、影响因素和独特功能，并结合不同类别的高校学生组织进行了组织感染性要素分析。在此，我们将着重探讨组织感染性的发生机制、内在机理和一般规律，引导思想政治教育工作者掌握如何在大学生组织中引导感染性教育发生，把握感染性教育方向，提升感染性教育效果。

第一节 大学生组织思想政治教育感染性的发生机制与特点

机制是以一定的运行方式将事物的各部分有机联系在一起，使各要素协调运转的制度体系。发生机制也称启动机制，是指在一定条件下，通过触发事物或事件的某一关键要素，使事物或事件内在各要素形成联动效应，进而推动整个事物或事件进入运转轨道并进一步发展的机制。大学生组织感染性的发生机制包括触动前提、激发条件、接受过程、矢量效果和"客主"转化。

一、组织感染性触动前提

组织感染性最易发生的前提条件是个体在心理层面的"无意识"，这种"无意识"状态直接体现为个体的不自觉、不经意、不知道、无准备。美国实

① 余仰涛．思想政治工作学研究方法论．武汉：武汉测绘科技大学出版社，2000：226.
② 余仰涛．思想关系学：思想政治工作原理．武汉：武汉大学出版社，2006：179.
③ 列宁．列宁全集：第55卷．2版增订版．北京：人民出版社，2017：128.

用主义哲学家杜威曾提出，人的学习结果有两种情形：一种是在有意识状态下学习到的知识；另一种是在无意识状态下学习到的知识，人在无意识状态下通过交往、评价等方式获得的知识包括理想、意志、情感、兴趣等①。思想政治教育通常采取“灌输”方式传达教育内容，受教育者接收到的教育信息是在主体有意识的情况下完成的，这是有意识的教育。而在组织感染性教育中，由于受教育者所处的环境不同，在环境中接触的人和事物的因素并不确定。因此，受教育者并不能预先感知思想政治教育的发起，缺少对教育客体和教育内容的关注，甚至是在不知不觉中参与并完成了整个教育过程。此时的受教育者是在无意中被组织感染的。组织感染性中强调的这种“无意识”是认知心理学层面的“未注意”，而不是普通意义上不能被主体所察觉的，或在思想意识以外的内隐式过程，更不是单纯生理医学意义中的人的无意识状态。因为组织感染性教育效果的最终体现，还需要受教育者的反思、内化和外化，如果是普通意义或医学意义上的“无意识”，组织感染性教育就只停留在瞬时情感体验层面，不能引发受教育者思想行为的改变，那就失去了思想政治教育的意义。

美国哈佛大学罗索夫斯基教授在《美国校园文化：学生·教授·管理》一书中这样写道：“在哈佛大学，我常听人说，学生们从彼此间学到的东西比从老师和课堂那里学到的东西还要多……我把它理解为是对一个巨大的、多样化的、经过精心挑选的、才能出众的学生群体的赞美。作为一个群体，它给每个成员提供了个人成长所需的无与伦比的机会。”② 这段论述是对组织感染性问题的一个典型例证。从学生主体的角度来讲，哈佛大学在课堂以外传递给学生的文化修养和内在精神，并不是学校明确在教育计划中的教育内容，而是学生在日常生活中潜移默化地接受和体悟所得到的。罗索夫斯基的评价也是基于旁观者的描述，学生不会明显感受到自己从环境和同学身上学到的东西比在老师身上学到的还多。

---

① 赵祥麟．杜威教育论著选．上海：华东师范大学出版社，1981.

② 罗索夫斯基．美国校园文化：学生·教授·管理．谢宗仙，译．济南：山东人民出版社，1996：82.

同样的道理，在组织感染性教育中，学生个体可能觉得身处一个这样或那样的学生组织，短期内并未给自己带来什么切实不同的改变。但实际上，个体正在组织氛围或组织其他个体的影响和感染过程中发生着某些深刻的变化，只是主体对教育内容缺乏明显的意识感受性，是不知不觉地潜移默化地参与群体性教育。换言之，借助于学生组织，在大学生没有明显感觉到被教育的状态下，思想政治教育已经通过感染性得以完成，教育影响深入，教育效果达到，改变了有组织、有计划、有目的，并带有强制性、灌输性和约束性的不易于被大学生接受的传统教育方式。组织感染性的独特触动模式提示我们，要在思想政治教育实践中更多关注和开发“无意识”状态下的思想政治教育形式和内容。

二、组织感染性激发条件

在明确触动前提的基础上，我们还要了解大学生组织思想政治教育感染性发生的一系列基本条件，其中最为直接和重要的条件就是组织感染性的激发。概括地说，组织感染性的激发就是通过对思想政治教育内容传播形式的优化，实现学生个体从“无意识”到“有意识”的再转化。霍夫兰的认知说服理论提出，若要希望我们的思想教育更加富有成效，乃至更加深入人心，必须首先选择恰当的信息传播方式，只有以恰当的传播方式传递教育内容，才能激发教育对象的无意注意，进而引发其有意注意。教育心理学中的学习理论也强调，引起教育对象对所传递教育内容的关注是教育的前提，只有关注才能进一步走近教育内容的所指，进而根据主体的实际需求选择对教育内容的接受程度，最终改变主体认知。认知说服理论和学习理论告诉我们一个基本道理，那就是在组织感染性教育中，通过组织活动的展开，激发大学生个体的无意注意，进而引发个体的有意注意是感染性教育得以进行并取得实效的重要条件，且是必要条件。否则，大学生对思想政治教育附加给学生组织的教育内容视而不见、充耳不闻，走向主体“无意识”的另一个极端——彻底无意识，组织感染性就失去了应有的意义。

因此，在组织感染性教育过程中，教育者要创造性地运用各种教育手段和教育方式，激发组织个体的无意注意，将大学生个体吸引到良好的组织情境与组织文化氛围之中，引发其有意注意。创造性运用，要求思想政治教育者在组织活动过程中，广泛利用传统媒介、校园媒体、互联网、微信、微博、QQ等现有技术手段，充分使用典型人物、特殊场景、重大事件、经典影音、流行音乐、短视频等易于大学生群体接受和感知的教育方式，吸引大学生个体的思维注意力，以增强组织的感染力，达到更好的组织感染性效果。善于激发，要求思想政治教育者将组织感染性的教育内容预先构建成与个体成长需求相一致的需求激发点，与个体已有价值观念相一致的价值激发点，与个体认知水平相一致的认知激发点，与个体情绪情感体验相一致的情感激发点，任一激发点一旦触动组织个体，个体的无意注意就实现了向有意注意的转化，组织感染性教育的条件即初步形成。与此同时，完备的教育方案、明确的教育目标、轻松的教育情境和喜闻乐见的活动形式也是组织感染性教育的重要条件。

三、组织感染性接受过程

组织感染性的接受是思想政治教育接受机理的具体应用，是多种因素相互促成的结果。组织感染性要取得实效，就必须研究感染性的心理接受机制。人的接受活动受主体意识选择性制约，分为外在性接受和内在性接受两种，外在性接受又分为有意注意接受和无意注意接受①。组织感染性的接受属于后者。组织感染性的心理接受过程基本遵循发生启动、选择获取、整合内化、外化践行及反馈调节的逻辑，同时可以实现“跨越”和“加速”，条件就是接受调控系统中的“情感”因素。情感作为接受的影响因素，而不是接受中的某个环节，贯穿于组织感染性接受的每一个环节，对接受全过程起调节作用。个体情感对组织感染性接受的影响，主要表现在客观倾向作用和主观导向作用两个方面。

（1）组织感染性接受中情感的客观倾向作用。大学生个体在加入某一组

---

① 杨芷英. 思想政治教育心理学. 修订版. 北京：中国人民大学出版社，2014.

织之前或之后，在接触组织中其他个体的第一时间或以后，该大学生个体作为接受主体，该组织或特定的组织中的其他个体作为接受客体，接受主体会不自觉地萌生一种对接受客体的情感倾向。这种情感倾向虽然来源于接受主体，但最终指向接受客体，因此我们称之为情感的客观倾向。接受主体的这种情感倾向可能是瞬间形成的第一印象，也可能是基于自身的经验判断或是对接受客体的事先了解而形成，还可能是由情感间的传递促成的。如果这种情感倾向是在接受过程的初始阶段形成，那么接受客体就会自然而然地将这种情感固化，进而对即将要加入的组织或面对的组织中的其他个体产生某种“成见”，这种“成见”可能是正面的，也可能是负面的。如果是正面的，证明接受主体对接受客体十分向往和喜爱，接受主体会保持长久的注意，且注意强度逐渐提升，组织感染性的接受进程加快；如果是负面的，证明接受主体对接受客体产生怀疑或反感，接受主体的注意存在时效性，注意强度也较弱，组织感染性的接受进程遇到阻碍，甚至最终不被主体所接受。但无论是哪种情感倾向，都说明接受主体已经将接受客体卷入情感的客观倾向作用之中，并希望与自身的情感需要达成一致。总之，接受主体的情感客观倾向越明显，组织感染性接受过程中情感的支配作用就越大。

（2）组织感染性接受中情感的主观导向作用。不同于情感的客观倾向，情感的主观导向作用一般是在大学生个体参与组织生活或组织活动的接受过程中体现的。情感的主观导向基于接受主体的主观情感而发挥作用。这里的情感更多指大学生个体的主观情绪。人的情绪是人的意识的外在表现形式，人的情绪具有两面性，良好的情绪可以使人身心愉悦，不良的情绪则会使人消极颓废。在组织感染性中，大学生个体情绪的不稳定性可能直接影响接受主体在接受过程中的感知力、理解力、判断力和决策能力。当接受主体情绪良好时，大脑神经系统处于兴奋状态，其内在感知能力和外在感受能力显著增强，对组织活动或组织中其他个体的影响具有较好的接受条件；当接受主体情绪不好时，大脑神经系统处于半抑制或抑制状态，其感知力和感受力随之下降，并有可能将这种负面情绪带入对接受客体的非客观理解中去，也就是我们常说的误解，对组织感染性接受造成不利影响。上述辩证关系反映了接受活动中情感的主观导向作用，由于接受主体的不同情绪体验，会在一定程度上将主观情绪不自觉地转移给接受客体，使整个接受活动导向与接受主体主观情绪一致的方向，从而出现接受与否及接受程度上的差异，这种现象在情绪调节能力较低的大学生个体中表现得更为突出。

总之，由于人的情绪情感的客观存在性及其发生发展的不确定性，组织感染性的接受不可避免要受到大学生个体情绪情感的影响，思想政治教育只有不断调控和把握感染性教育的有效契机，才能最终使大学生群体受到组织更好的影响。

四、组织感染性矢量效果

感染性教育虽然是隐性的、间接的思想政治教育，但绝不意味着对待感染性教育可以随意化、随便化。这里借用物理学中的“矢量”概念，来阐明组织感染性教育是有方向性的。这种方向性既体现在教育内容上，也体现在大学生的个体情感和态度之中。

在大学生组织中，思想政治教育内容更多地体现为组织环境和组织文化氛围。组织的环境和文化有良性的，也有恶性的；有积极的，也有消极的。良性的组织环境是指能够养成学生个体优良思想品德，能够切实为学生成长发展提供正面助力的环境氛围。我们习惯将这样的学生组织称为“摇篮”“熔炉”，组织对个体的感染是正向的，感染内容符合社会主义核心价值观。相反，恶性的组织环境是指对大学生个体思想意识和行为方式产生消极影响，误导大学生走入歧途的环境氛围。这样的学生组织是“染缸”“温床”，组织对个体的感染是负向的，感染内容常常是背离社会主流价值观和违反大学生日常行为规范的。人学习和生活在不同的环境氛围中，对个体思想行为的影响直接而深刻，良好的组织环境和不良的组织环境带给青年大学生的印记甚至可以留存到其进入社会的阶段，正如我国古代思想家形容的那样：“入芝兰之室，久而不闻其香”“入鲍鱼之肆，久而不闻其臭”“近朱者赤，近墨者黑”。因此，思想政治教育要充分重视大学生组织环境氛围带来的双向感染效果。

从组织中大学生个体的角度看，个体的情感和态度也会左右组织感染性的方向。首先是个体情感的影响。马克思指出："激情、热情是人强烈追求自己的对象的本质力量。"[①] 在前面关于组织感染性接受过程的论述中，已经提及了大学生情感的客观倾向作用和主观导向作用，这两种作用在决定组织感染性方向方面依然适用。人的情感总是在一定的情境下衍生出来的，大学生组织就提供并承载了这种情境功能，虽然大学生的情感不参与个体的认知过程，但它会侧面调节认知的路径，从而使大学生形成不同的认知。大学生个体面对同一组织或组织中同一个体的影响，或者说通过组织传递的同一类型思想政治教育内容，经过个体情感的客观倾向和主观导向作用，就会产生截然不同的感染性教育效果。通俗地讲，大学生在情绪愉悦状态下或在沮丧状态下参与组织活动，活动带来的感染性会被主体情绪异化而走向两个极端。同理，大学生对同一学生组织中的公认榜样，在个体喜欢或厌恶两种情感状态下，也会有不同的看法，榜样的感染力量可能相应转化为个体的当面赞扬或背后诟病。其次是个体态度的影响。态度也会决定组织感染性的方向，因为大学生个体对组织所传递的规范、观念、思想、价值取向等信息并非在任何情况下都是服从和认可的，也有可能是反对的，就是我们常说的"唱反调"，更有一种特殊情况是"感染归零"，学生持"无所谓"的态度。如果学生持正向态度，则组织感染性效果实现，个体对组织的认同感与归属感持续增强；反之，如果学生持否定态度，与思想政治教育目标背道而驰，那不能说组织感染性失败，而是感染性教育起了副作用。

在组织感染性方向问题中，我们还要提出一种特例。在同一个大学生组织中，无论组织的环境和文化是好是坏，也无论个体的情绪如何波动，总有一些大学生个体可以在人的主观能动性的调节下，实现对组织感染性的"纠正"。当然，我们这里说的"纠正"不只是褒义，也可能是贬义。比如"出淤泥而不染"说的就是这个道理。在思想政治教育实践中，个别大学生可以实现自身的逆境成才，即通过适应环境来改变环境给其带来的不利影响，实现

① 马克思，恩格斯．马克思恩格斯全集：第3卷．2版．北京：人民出版社，2002：326.

个体的发展。反之，也有学生没有有效地珍视和利用良好的组织或环境，出现身处顺境而不成才的情况。

五、组织感染性“客主”转化

“客主”转化是指在大学生组织感染性教育过程中，存在思想政治教育客体主体化的现象，即思想政治教育客体（受教育者）通过长期组织文化熏陶或组织活动影响，成为组织中具备感染性的感染源个体，进而从思想政治教育客体转化为主体。具体来讲，在思想政治教育活动中，教育者是毋庸置疑的教育主体，全程发挥主导思想政治教育过程的不可替代的重要作用。但教育的最终目的，是希望在受教育者身上完整或部分地体现思想政治教育的目标和内容，使大学生个体成为教育的合格“产品”，甚至可以充分调动受教育者的主观能动性，引导其主动向往“被教育”，主动接受思想政治教育所要传递的价值理念和品德规范，这是教育的最高境界，也是所有教育的出发点和落脚点。不仅如此，一旦受教育者思想上对教育的认识提升，行动上主观能动性被激发，都可能成为教育的源头和力量，与教育者一样发挥思想政治教育的功能和作用。

在大学生组织感染性教育中，组织中的所有大学生个体相对于组织本身、组织中的其他个体、思想政治教育工作者，都是受教育者，是大学生组织感染性的客体与对象。这些个体在组织感染性的正面作用下，不断提升自身的思想道德素养和个人文化修养，同时，也在以全新的思想境界和积极的行为方式感染着更多加入组织的新成员和组织中的老伙伴，甚至组织以外的更多的大学生群体。在这一过程中，个体在某种程度上扮演了教育者的角色，长此以往的“良性循环”，不仅使思想政治教育的范围和效率得以提升，还会反作用于更优良组织的文化和组织氛围的形成。

例如，针对大学生个体的“优秀大学生”“优秀学生干部”和针对大学生组织的“先进班集体”“文明寝室”等评选活动，无疑会使更多参与者的行为得到规范，文明程度得以提高，先进性意识得到加强。同时，他们的典型示范效应又会把先进精神带给更多的人，使广大在校大学生通过他们的先进事迹受到感染，思想行为发生积极转变，从而校风学风也得以改善。“客主”转化在一定意义上有助于扩大思想政治教育影响面。当然，用辩证的观点来分析，这种“客主”转化也存在反方向的副作用，需要思想政治教育者合理把握。

第二节　大学生组织思想政治教育感染性的内在机理

根据对组织感染性发生机制的研究，可以发现，组织感染性对于任何具有正常接受能力和情绪体验的个体必然发生，只是感染方向与程度不同。在必然性的基础上，我们来研究大学生组织感染性的内在机理。

一、人际吸引机理

首先我们要知道，人与人之间的社会关系及相互交往处于整个社会系统的“末端”，是社会系统的“神经网络”。思想政治教育作为一种社会实践活动，在利用人与人的交往关系发挥教育影响的过程中，也要遵循社会系统的结构划分。面向全社会或个别阶层的思想政治教育属于宏观思想政治工作，面向群体或组织的思想政治教育属于中观思想政治工作，而面向个体或个体与个体社会交往关系的思想政治教育属于微观思想政治工作。大学生组织思想政治教育感染性要立足微观层次，改变中观层次，进而影响宏观层次。因此，利用人际吸引机理开展微观层次的思想政治教育，激发中观层次的组织感染性是十分可行和必要的。

人际吸引机理是社会学领域研究个体之间交往关系与形式的主要参照，同时也是组织感染性的基础原理之一。对人际吸引机理的基本内涵和特点[①]可以归纳为以下六个方面：

一是近距型人际吸引。顾名思义，近距型人际吸引就是个体之间因社

① 孙其昂. 社会学视野中的思想政治工作. 北京：科学出版社，2017.

会存在的近距离接触而形成的密切交往关系。一般来说，空间距离越小，人与人接触的机会就越多，交往的频率就越高，个体之间相互吸引的概率就越大，“日久生情”就是这个道理。在同一个办公室的同事、同一个车间的工人、同一个营房的士兵，他们之间的交往和社会联系更为紧密，彼此思想和行为上的互动更为密切，情绪情感上的调节与反馈更为顺畅，也就更容易形成个体间的相互影响。如大学生组织中的学生寝室是典型的近距型人际吸引。

二是相似型人际吸引。相似型人际吸引是指具有相似属性与相同特质的个体之间容易形成交往中的相互吸引。个人社会属性中的年龄、职业、学历、地位、经历的相似性，个人思想观念中的世界观、人生观、价值观的相似性，个人行为方式中的日常习惯、行为举止、生活做派的相似性都可以促进个体之间的人际吸引，且相似度越高，吸引力越高。如大学生组织中的学生党支部、团支部具备相似型人际吸引的特点。

三是差异型人际吸引。人际吸引不仅可以在相似性中找到存在的基础，也可以在个体的差异性中充分体现。人与人之间思想上的差异或个性上的差异，往往会带给对方耳目一新的感觉，如果这种差异是交往对象自身所不具备的优良品质或良好行为习惯，个体就会受需求驱动而愿意与之深入交往，形成紧密的社会关系。如大学生组织中的学生会。

四是外在型人际吸引。外在型人际吸引是个体感知层面的直观吸引力。人的外表看似与社会关系和人际交往理论相去甚远，其实不然，个体的外在形象在交往关系形成初期发挥着重要的影响力。最为典型的表现是人在恋爱中的“一见钟情”，实际上就体现了这一基本原理。

五是内在型人际吸引。与外在型人际吸引相比，内在型人际吸引相对复杂，需要个体之间在一段时间的交往中予以确认，形成相互吸引。内在型人际吸引中起主导作用的是人的情绪情感，吸引对方的主要内容是个体的精神气质与文化涵养。由于对交往对象内在气质的向往，引发个体的喜爱之情，进而交往的程度加深。反之，因为对交往对象精神气质的否定而产生厌恶情绪，交往即会中断。如大学生组织中的同乡会，也蕴含了内在型人际吸引的因素。

六是羡慕型人际吸引。该类型人际吸引广泛存在于社会生活的方方面面，如对科学家的崇拜、对政治家的称道、对挑战者的肯定，甚至对演艺明星、体育明星的追捧，都属于羡慕型人际吸引。因为羡慕型人际吸引的存在，一旦有机会接触这些“明星”级的人物，人们就会心潮澎湃，趋之若鹜。在大学生组织中，组织成员的优秀代表，如“学霸”“就业明星”“先进个人”也会形成此类效应。

大学生组织思想政治教育感染性是建立在个体交往关系基础上的教育方式，交往越为频繁密切，感染的机会就越大。因此，科学掌握人际吸引机理是做好组织感染性教育的理论基础。但从另一个角度讲，加深大学生之间的交往不是最终目的，更重要的是在组织感染的基础上，影响和转变大学生的思想观念向积极的方向发展，从而提高大学生的思想道德水平和能力素质。

二、模仿学习机理

人作为自然界的一种动物存在，模仿是人类本能的自然流露。对于这种观点，亚里士多德和达尔文分别从哲学和进化科学的角度进行过研究。从思维观念模仿到行为方式模仿，模仿行为广泛存在于人的社会关系与社会交往之中。尤其是在人的群体和组织生活中，这种现象更为突出。因此，我们认为模仿学习是大学生组织思想政治教育感染性的一种实践机制。

对人类模仿理论的深入研究始于 20 世纪，源于社会心理学领域，代表人物如法国心理学家塔德、英国心理学家麦独孤、美国心理学家米德和班杜拉，他们在不同时期通过角色理论、社会学习理论等不断阐释人的模仿学习行为及其带来的影响。其中，塔德鲜明提出：模仿是社会发展与社会存在的基本准则，群体规范和群体价值是人的模仿的结果。这一理论定位为本书的研究提供了科学基础。

关于模仿的概念，有学者指出，模仿是人有意或无意对某种刺激做出相似反应的行为方式。人的模仿学习内容十分广泛，不仅有对外在的形象气质、言谈举止的模仿，也有对道德品质、思维方式、情感态度、风俗习惯的模仿[①]。针对人的模仿学习行为的主观意识状态，模仿具体可以分为自发性模仿和自觉性模仿。自发性模仿是个体在相对无意识的状态下的模仿行为，通常我们看到的2～3周岁儿童对成人语言行为的模仿、师范生对教师师德师风的模仿和群体中的从众行为就属于自发性模仿。自觉性模仿与自发性模仿不同，大多是在个体意识主导下的模仿行为，且具有一定的选择性特征。这就决定了自觉性模仿是经过个体主观思考辨别的行为，更多地体现了模仿学习，而不是单纯意义上的模仿。大学生组织感染性中蕴含的模仿学习，涵盖了上述两种模仿类型的特点，既有通过组织环境传递给个体的无意识的自发性模仿，也有经过个体选择的，经由组织其他个体传递的自觉性模仿。

关于模仿学习机理的运行，可以借鉴班杜拉的社会学习理论予以阐释。他认为：人的日常行为表现，大多是通过有意识或无意识的模仿而学习到的。尤其是人的思想品德的形成，完全可以借助所在环境、人群、文化、榜样等外界因素的影响，通过个体主观的模仿学习加以改变。个体的人在群体中对群体行为和某个其他个体的观察学习过程，本身就是一种模仿[②]。此外，班杜拉还对模仿学习的过程进行了界定，提出模仿学习由注意、保持、产生、动机等四个主要环节组成，其中注意是过程的先导，动机是模仿行为促使主体改变的前奏。

相较传统模仿学习理论而言，模仿学习在大学生组织感染性教育的实践应用中，还具备一些自身的特点和需要加以注意的关键点。一方面，是模仿学习对象上的局限和优势。我们研究大学生组织感染性，研究对象就框定在了各类高校学生组织之中。但实际上，学生组织与校园内部之间并没有明显的界限，因此个体模仿学习的对象就应该是整个校园中的群体。所以，我们将范围延展，就出现了两类主要模仿对象：一是教师，二是主体以外的学生个体。对于教师而言，因为在教育过程中与大学生长期接触，师德、师风、

① 白显良. 隐性思想政治教育基本理论研究. 北京：人民出版社，2013.

② 比格. 学习的基本理论与教学实践. 张敷荣，张粹然，王道宗，译. 北京：人民教育出版社，1990.

师能、师道会经常成为学生的模仿学习对象，对大学生思想和行为的影响至关重要；对于学生而言，个体在校园中接触到的每个同学都可能成为模仿的对象，但如果该对象能够与个体同在一个学生组织之中，那么这种模仿学习就会更加深入，效果也会更为明显。另一方面，对于大学生组织感染性中的模仿学习，思想政治教育要把握好两个关键：一是要把握好模仿学习的目标导向。思想政治教育希望大学生个体模仿学习的对象是优秀组织中的优秀个体，而不是大学生中的“异类”，只有积极健康的模仿，才能契合个体的成长需要，进而更好地感染他人。二是要把握好模仿学习的深度和广度。大学生群体是重要的社会资源，是未来建设国家的重要力量。大学生个体的模仿学习绝不应仅仅局限于外在的、简单的行为模仿，更应该是优良品质和先进理念的模仿，是有益于价值观形成的模仿。因此，在组织感染性教育中运用好模仿学习机理是大学生思想政治教育的重要途径之一。

三、竞争激励机理

伴随社会环境的深刻变化，当代社会背景下人们的竞争意识逐步增强，只有通过竞争才能获取有限的社会资源，推动人的自由全面发展，同时为社会进步注入活力。高校作为整个社会的有机组成部分，也在时刻感受着竞争带来的变化。当前，我国高等教育快速发展，高校在校生和毕业生规模庞大，学习、升学、就业等社会问题日益严重，大学生群体从入学之初，就具有强烈的危机意识和竞争意识。

竞争是一把“双刃剑”，既有积极的影响，也有负面的影响。本书强调的竞争激励关注竞争带给我们的积极影响和促进作用。竞争激励是思想政治教育的一般方法之一。所谓竞争激励，是指通过评估、比较造成一种相互竞赛、不甘落后、争取优胜的状况①。竞争的具体表现形式为竞赛，是充分利用人的生存本能的一个方面——心理上的优胜意识，通过有限资源的不均衡设置，造成个体与个体之间必须进行某种比较或较量才能获取相应资源，从而实现

① 郑永廷．思想政治教育方法论．修订版．北京：高等教育出版社，2010.

整体推动事物进一步发展的过程。思想政治教育运用竞争激励的主要目的是促进受教育者之间形成有效互动，创造出“比”“赶”“帮”“超”的积极氛围，培养进取精神，凸显个人更大的价值。将竞争激励机理运用到大学生组织中，有益于组织发展内生动力的形成，有益于积极进取的组织文化的形成，有益于组织中个体与个体的相互促进，特别是可以催生组织中的典型代表或榜样式人物，感染更多组织成员参与学习、竞争、再学习、再竞争的良性循环中，有效满足个体需求，推动个体成长，进而充分实现大学生组织感染性的思想政治教育功能。

作为一种思想政治教育方法，竞争激励机理更多的是在思想政治教育者的周密计划下完成的，而非大学生个体自行实施的。在大学生组织中，思想政治教育者可以设计很多蕴藏竞争激励机理的竞赛活动，形式既可以是大学生组织与组织之间的竞争，也可以是大学生组织中个体与个体的比拼，还可以是不同组织个体之间的较量。内容可以是常规的“优秀班集体”“优秀寝室”“优秀大学生”“优秀学生干部”“优秀毕业生”等荣誉称号的争夺，可以是“理论学习大赛奖励”“专业技能大赛奖励”“科研创新奖励”“外语水平大赛”等学习活动的竞赛，也可以是“趣味运动会奖励”“文艺汇演奖励”“职业规划大赛奖励”等文体活动的比赛，还可以是“学生组织合作奖”“组织对外交流奖”“学校发展贡献奖”等组织活动的比较，通过比学习、比技能、比合作来激发个体的上进心，增强集体的荣誉感，强化组织的感染性。

当然，在利用竞争激励机理提升组织感染性的过程中，还要注意把握好以下几个基本原则：首先，要明确竞争激励的目的。思想政治教育者在大学生组织中开展竞争活动，目的是要营造积极进取的群体氛围，培养集体荣誉感，强化组织的凝聚力和感染性。一切有悖于主要目的的恶性竞争的出现、破坏组织团结行为的出现都应第一时间进行制止和疏导。其次，要把握竞争激励的导向。竞争是为了激励，竞争是激励的手段，不是目的。要避免在大学生组织中因竞争而导致个人主义、英雄主义和锦标主义现象的出现，这些现象会在组织中形成负面感染效应，严重阻碍组织和个体的发展。最后，要维护竞争激励的环境。既然组织竞争活动，就要主动维护竞争的公平、公开、公正，让竞争优胜一方真正成为大学生信服的“典范”和“榜样”，激励感染更多组织成员以实际行动去追赶和超越。

四、心理相容机理

心理相容是一种群体特性，是指群体中各成员之间由于理想、信念、观点一致而形成的一种融洽的心理交往状态，是个体之间的彼此接纳与包容，是群体成员思想和行动上的步调一致，是良好的人际关系在人们心理上的反映①。作为社会交往中人际关系的重要“调节器”，心理相容是群体团结的心理特征，是个体与个体、个体与群体和谐共处的心理基础，其在日常生活中更多地表现为，人们之间的相互尊重、相互支持、相互信任、相互谅解和相互包容。心理相容有层次之分，高层次的心理相容往往以共同活动为中介，旨在达成思想观念和价值取向上的一致；低层次的心理相容仅以个体情感的喜恶为转移。社会主义核心价值观中的诚信、友善是心理相容理论最直接的体现。因此，我们说心理相容对指导人的社会交往具有重要价值，对维护社会及群体的和谐稳定具有重要意义。

具体到大学生组织感染性教育中，心理相容主要表现为个体与个体之间的相互帮助、相互学习、相互借鉴、相互成全，是实现组织长期发展目标、满足组织成员全面发展需求的重要保障。首先，心理相容可以为组织良好发展奠定强大的心理基础。组织发展以组织成员的凝心聚力为前提，心理相容使个体之间的支持与帮助演化为集体行为，这种相互助力让组织变得更有力量，优势互补让组织发展拥有更多选择。其次，心理相容可以为组织成员发展营造轻松和谐的氛围。个体间的理解、谦让、包容、关心使组织成员对所在组织的认同感和归属感进一步提升，心灵的安宁和情感的依托让每一个大学生的积极性和创造性得到充分激发，在这样一个心理相容的群体环境中，他们会努力打造一个更好的自己。

心理相容不仅包括组织中个体与个体的相容，还包括思想政治教育者与

① 杨芷英. 思想政治教育心理学. 修订版. 北京：中国人民大学出版社，2014.

大学生之间的相容，在组织进行感染的过程中很多必要环节是需要教育者共同参与的。教师是中华民族“梦之队”的筑梦人，新时代的高校教师必须要走近学生、关心学生，以学生为根本，在日常学习生活中主动建立师生之间的信任机制、沟通机制、谅解渠道和鼓励通道，促进师生心理上的和谐一致、情感上的互融互通、行动上的彼此支持。一言以蔽之，教育者要努力成为大学生的人生导师和健康成长的知心朋友。如果教师与学生关系疏远，甚至走向对立面，很多思想政治教育工作包括感染性教育就失去了根基。

因此，我们一直强调，只有心理上的相容才能走向情感上的亲近，只有做到情感上的亲近才能促进思想上的沟通，只有做到思想上的沟通才能实现行动上的统一。在大学生组织感染性中运用心理相容机理，是以人为本的思想政治教育基本理念的集中体现，对感染性教育的形成具有十分重要的推动作用。

五、情感共鸣机理

不可否认，人是情感动物的典型代表，人的情感外在表现为喜怒哀乐等情绪体验。前文我们在论述大学生组织感染性本质属性的内容中提出，情感最突出的特征就是感染性，人与人之间的情感可以实现相互感染，通过情感共鸣形成的思想政治教育心理共振一经出现，教育主体与教育客体就会强化彼此之间的信任与吸引，进而达到影响与改变。具体到大学生群体，大学阶段是人生发展的特殊时期，学生个体无论生理还是心理层面都处于快速发展与动态调整中，其情绪情感最为丰富，表达形式最为多样，发泄意愿最为强烈，世界观、人生观和价值观的可塑性很强。这一本质特征为研究大学生组织思想政治教育感染性提供了重要依据。如果我们将特征进一步细化可以发现，大学生群体的情感还有以下几个突出表现：一是大学生的情感多以“真、善、美”为出发点，是一种超越现实的理想主义和浪漫主义情感，兼具强烈的正义感和使命感；二是大学生的情感活动具有不稳定性，受外界条件和所属环境影响较大，情感反应激烈且变化周期短，情感动荡且两极摇摆明显；三是大学生情感的外在表现和内心体验之间有一定落差，容易造成情感上的自我封闭，特别需要在组织群体中找到满足感与获得感。

从教育主体的角度来看，情绪情感的促成实际上是个体心理失衡的一种表现，需要及时地予以表达和宣泄，以恢复新的心理平衡状态①。大学生在日常学习和生活中，会体验到各种各样的成功与喜悦，同时也会遇到各式各样的挫折与困难，形成不同的情感体验。从保证人的身心健康出发，大学生只有充分释放由心理失衡带来的情绪情感，才能实现自身的健康发展。与此同时，因为大学生固有的社会关系和交往关系，个体在释放情感情绪的过程中，不可避免地要触动到与之交往的群体或个人。尤其是在大学生组织中，这种情绪情感能否合理宣泄和科学表达，决定了以什么样的方式和效果感染组织中的其他个体，进而影响组织内部整体氛围。

从组织中其他成员的角度出发，大学生主体基于自身体验的情绪情感表达，可能带来三种结果。一是主体情感表达的内容有悖于组织中绝大多数成员的价值取向或主流意识，表达方式过于激烈或引发言语、行动上的异常表现，遭到其他个体的反感、反对，这种情绪情感非但不能引起共鸣，反而会对其他个体造成负向感染；二是主体情感表达趋向组织共同目标或更多成员的情感需要，触动其他个体的思想意识，感染大家主动迎合并参与与主体相同的情感体验中，形成“集体陪伴”，产生情感共鸣；三是主体情感表达有效推动了组织成员对某一思想政治教育内容的接受，激发组织向更高层次的发展目标跃进，个体向更高水平的发展要求提升，类似效应的产生实质上已经超越单纯的情感共鸣，其影响可能长久留存于组织成员的美好记忆和未来发展之中，真正实现了组织感染性的思想政治教育目的。

从思想政治教育者的角度出发，如果期望借助情感共鸣来实现组织的感染性目的，就必须充分设计思想政治教育的方案，准确把握思想政治教育的时机和环境，合理运用思想政治教育的方法和技巧；面向大学生组织，研究大学生群体，了解大学生的特点，以适合其心理倾向的情感方式开展组织活动，营造轻松愉悦的情感氛围，使大学生个体不知不觉、潜移默化、心悦诚

① 吴礼权. 感染力. 广州：暨南大学出版社. 2017.

服地接受思想政治教育所传递的观点和理念，寻其情感软肋，品其思想本源，探其成长初心，用教育者的真情实意触发受教育者的真情实感，从而产生强烈的情感共鸣。

第三节 大学生组织思想政治教育感染性的一般规律

大学生组织感染性的规律是组织感染过程中各思想政治教育要素之间的本质联系及矛盾运动的必然趋势。立足思想政治教育，研究大学生组织感染性的规律，就是要探求在这一过程中组织与个体、个体与个体、个体与组织之间是如何联系的，其相互作用的趋势又是如何的。根据对思想政治教育基本规律的运用，我们认为，大学生组织思想政治教育感染过程的一般规律集中在以下几个方面：

一、组织（感染源）本身吸引力越强，感染速率越快

根据大学生组织思想政治教育感染性的基本内涵，我们知道感染源的存在是发生感染效应的先决条件，本书中大学生组织感染性的感染源之一就是大学生组织本身。各类大学生组织基于各自影响因素特点向组织成员传递某种观念、情绪、信息、行为，引发组织个体心理状态发生变化，进而使其思想意识和行为方式发生改变，组织感染性才可能实现。否则，如果组织没有传递感染要素，就无从谈起感染性的问题。一般情况下，感染源的感染性越强，感染作用越大，感染速率越快；反之，感染性越弱，感染作用越小，感染速率越慢。感染源的感染性强弱取决于其内容和形式是否更乐于为群体认同和接受。换句话说，能够引起个体情感共鸣的喜闻乐见的形式，其感染性就强；不能充分满足个体发展需求的强制灌输形式，其感染性自然就弱。具体到大学生组织，组织的吸引力越大，组织活动的水平越高，教育主题越鲜明，大学生个体的参与性就越强，感染速率就越快，感染的强度就呈现“线性增长”。

二、组织生活有序性程度越高，感染范围越大

通常意义上，组织生活多指各级党组织及团组织成员遵照一定的组织原则和上级组织要求，经常性地围绕本组织的路线、方针、政策或阶段性工作，有计划地开展理论学习、思想交流、工作研讨等各项活动，用以提高该组织的理论政策水平和实际工作能力。大学生组织的组织生活广义上包括组织活动、组织学习、组织讨论、组织选举、组织成员的情感交流等内容，狭义上单指组织活动。衡量一个组织的组织生活水平，关键在于考察组织活动的有序性。组织活动是任何社会组织赖以生存的基础和前提，对于大学生组织来说体现得更为充分。在没有活动依托的大学生组织中，成员之间缺乏交流与交往的基本条件和内部环境，组织就失去了其存在的价值，组织感染性更无从谈起。只有通过不断开展适应大学生个体需求的高质量、高水平、高层次的组织活动，强化组织生活的有序性，组织才能具有旺盛的生命力，组织的目标和宗旨才有望尽快达成。因此，高度有序的组织生活集中反映了组织内部一切活动功能的质量、效率和效果。组织生活有序性的程度体现了组织本身的凝聚力、号召力和影响力的程度。一般来说，组织生活有序性程度越高，组织活动越吸引人、影响人，发生组织感染性的概率就越大，组织感染的范围就越大；相反，组织生活杂乱无章，组织活动密度小、质量差，发生组织感染性的概率就越小，组织感染性的范围就受到局限。

三、组织凝聚力越强，组织内个体感染越有深度

组织凝聚力本质上是组织个体层面的心理感受和情绪体验，是建立在组织个体之间亲密关系基础上的彼此吸引力，是促使个体团结在组织周围而不脱离组织的重要因素①。不同组织形成凝聚力的途径和方法各有不同，但每一个凝聚力突出的组织都有其核心的目标引领和文化内涵，吸引成员参与其中并乐于其中。影响组织凝聚力的主要因素是组织目标的明确及内部和谐的人

① 于显洋．组织社会学．北京：中国人民大学出版社，2016．

际关系。要想提高一个组织的凝聚力，满足成员的发展需求是前提，丰富多彩的组织活动是基础，积极的正向感染是条件，适时的情感共鸣是关键，个体之间的心理相容是保障。此外，组织成员之间频繁的互动、相互的信任、彼此的支持、良好的沟通和默契的合作也是十分必要的。组织凝聚力决定一个组织整体价值观取向的一致性程度。从组织构成要素的角度来看，一个凝聚力强的大学生组织，组织目标明确，组织结构紧致，组织文化先进，组织稳定性好，组织个体的思想和行为高度一致，容易形成和塑造具有榜样引领作用的典型人物；一个凝聚力弱的大学生组织，往往组织目标缺位，组织结构松散，组织文化落后，成员流动性大，组织个体的思想和行为差异化严重，不易出现和培育组织中的先进典型。从组织感染性先导因素组织归属感角度来看，组织凝聚力越强，组织归属感就越强；更进一步地说，组织归属感越强，组织凝聚力也就越大。从组织感染性发生的角度来看，凝聚力相对较弱的组织，其思想政治教育感染性几乎丧失发生基础，个体接受感染的条件严重缺失；而在凝聚力强的组织中，个体受组织精神内核和文化氛围的感染更有深度。

四、个体多维发展水平决定感染强度

组织感染强度不仅与感染源的感染性相关，与被感染个体同样存在必然的联系，个体多维发展水平决定感染强度。个体发展水平是一个相对宽泛的概念，“多维”是指个体发展水平的多个方面，主要包括自主意识水平、感受能力水平、情绪调节水平和知识结构水平等。如果个体自主意识水平越高，具体表现为个性独立、善于批判、自我控制能力强，则越容易摆脱“无意识”心理状态，组织感染性作用就会弱化；如果个体感受能力水平越高，具体表现为注重体验、情感丰富、信息接受能力强，则越容易与感染源发生情感互动，感染性作用就会强化；如果个体情绪调节水平越高，具体表现为理性平和、性格内敛、情绪管理能力强，则很难被感染因素激发或影响，感染性作用越弱；如果个体知识结构水平越高，具体表现为文化素养高、个人修养好、辨识能力强，则受感染层次越高，组织感染性作用自然越强。总而言之，个体发展水平高不一定感染性就强，个体发展水平低也不一定感染性就弱，要具体问题具体分析。

五、群体感染强度矢量之和影响个体感染效果

通过对大学生组织感染性发生机制与特点的分析我们得知，组织感染性是有方向的，感染性具有“矢量效果”。举个例子，一个大学生班集体组织召开了一场主题班会，内容是“雷锋精神的时代价值”。假设将感染程度由弱到强定义为“1”到“10”的区间。从微观上来看，在班会讨论的过程中，如果A同学被感染的强度是“8”，B同学被感染的强度是“5”，A、B两个个体感染强度的矢量之和就是“13”，班会主题得到升华，组织感染性得到强化。如果A同学不变，被感染强度仍然是“8”，而C同学被感染强度为“－2”，A、C两个个体感染强度的矢量之和就是“6”，班级成员认知出现分歧，组织感染性有可能被相对弱化。在这里，A、B同学被正向感染，他们通过讨论基本认为“雷锋精神是永恒的”。但C同学则被负向感染，因为思想认识上的偏颇，他可能认为“雷锋精神是过时的”。从宏观上来看，如果这个班集体中90％的同学被正向或负向感染，随着讨论的进一步深入，另外10％被负向或正向感染的同学也有可能被集体中的大多数成员“二次感染”，进而形成更多的集体共识。上述“个体感染强度矢量之和”，也可以称为群体感染强度。通过例证我们可以发现，群体感染强度影响感染效果，群体感染强度越大，感染效果越强，且群体感染强度具有促使个体向群体感染方向倾斜的作用。

第六章

优化大学生组织建设与强化组织感染性的实践策略

实践是检验真理的唯一标准。列宁曾指出："理论由实践赋予活力，由实践来修正，由实践来检验。"① 周恩来也曾强调："只有忠于事实，才能忠于真理。"理论研究是理性思考的结果，而实践是感性认识的过程，理论与实践相结合是指导任何实际工作的唯一正确的方法。只有用平常的实践去斧正高深的理论，才能永葆理论的价值和意义。大学生组织思想政治教育感染性研究本身就是一个基于现象观察而引发思考的课题，必须及时地将理论推演的结论应用到实践中去，做理论与实践相统一的研究。本章将围绕优化大学生组织建设的基本思路、强化大学生组织感染性的思想政治教育实践路径和大学生组织感染性教育引导策略三部分展开。

第一节　优化大学生组织建设的基本思路

大学生组织思想政治教育感染性的本体在大学生组织。无论从理论还是实践层面审视，大学生组织都是开展思想政治教育感染性的重要方式和主要载体。因此，在思想政治教育的实践过程中，我们首先要将目光聚焦于大学生组织的建设与发展，只有将大学生组织做大、做好、做强，才能通过组织实现更好的感染性教育。本节从指导理念、方法手段和体制机制三个方面提出了优化大学生组织建设，提升思想政治教育针对性、有效性的基本思路。

一、优化大学生组织建设的指导理念

指导理念是开展实际工作的标尺和准绳，正确的指导理念可以有效推动工作健康发展，错误的指导理念则可能将工作推向一隅。思想政治教育下的大学生组织建设必须坚持正确的政治方向和科学的指导理念，且要根据时代发展和大学生群体变化适时调整与更新指导理念，以适应新形势下高等教育的内外部环境。当前，高校大学生组织面临模式固定化、功能工具化、活动

① 列宁．列宁选集：第3卷．3版修订版．北京：人民出版社，2012：381.

形式化、评价单一化、发展个人化等一系列问题，相对阻碍了大学生组织的长远发展，严重制约了思想政治教育作用的有效发挥。因此，优化大学生组织建设，首先要在指导理念上统一对大学生组织思想政治教育根本目标、基本原则和主要任务的科学认识。

（一）以尊重大学生组织发展规律性、促进组织与个体共同发展为根本目标

任何事物都有其自身的发展规律，对规律的尊重与遵循体现了理性客观的态度和科学的方法。与一般性社会组织相比，大学生组织发展的规律与教育规律是同向同行的，体现了教育规律的基本特点。从思想政治教育角度优化大学生组织建设，必须建立在对这一规律充分尊重的基础上。现实中，部分大学生组织呈现出明显的组织功能工具化和组织发展个体化倾向，组织变相成为教育者单一实施管理的手段或作为教育者“代言人”的个别学生干部发展自我的跳板，这种低估学生组织作用，置组织多数成员发展于不顾的行为，根本上是由践踏大学生组织发展规律造成的。长此以往，不仅组织的发展会受到严重制约，归属组织的学生个体也会因不能满足成长需求而放弃归属。因此，切实尊重每一类学生组织发展的内在规律，并以此促进组织与个体的共同发展是新时代指导大学生组织建设的根本目标。

（二）以塑造大学生组织凝聚力、增强组织对个体的吸引力为基本原则

组织重在“引人往”“聚人心”，使“近者悦”“远者来”。大学生组织凝聚力和吸引力是组织发展水平和运行质量的集中体现，组织凝聚力和组织吸引力互为辩证关系。组织吸引力是组织凝聚力的前提条件，吸引力可以扩大大学生个体参与组织的覆盖面，提升大学生的组织认同感；组织凝聚力是组织吸引力的内在表现形式，凝聚力可以强化组织归属感，提升大学生组织的感染性，有利于组织和谐氛围的营造和组织文化的养成。组织的吸引力和凝聚力程度还会直接影响思想政治教育效果，在一个个体主动融入、成员紧密团结的组织中，思想政治教育的目标内容更容易深入人心，被大学生所接受进而内化为思想行为准则；反之，在一个个体认同感低下、归属感不足的组织中，思想政治教育的期待则很难落到实处，无法达成教育培养的目的。因

此，在优化大学生组织建设的过程中，思想政治教育要通过增强组织对个体的吸引力，促进组织凝聚力的形成，并将此作为指导大学生组织更好更快发展的基本原则。

（三）以提高大学生组织教育实效性、提升大学生群体满意度为主要任务

大学生组织作为学生群体的代表，组织成员对组织的满意度是“金标准”。与社会主义市场经济条件下消费者对产品服务的满意度类似，个体对组织的满意度是一个动态评价过程，满意度的高低取决于组织发展对个体需求满足程度的高低。一个能够全方位满足大学生成长需要的组织，学生的满意度就高；反之，组织的功能不凸显，学生的满意度就低。进一步来讲，大学生组织对个体需求的满足也是思想政治教育实效性在组织教育层面的直接体现。因此，依托大学生组织开展思想政治教育，就是要努力实现需求的层级转化，达到教育者、受教育者、教育载体“三方满意”，共享教育成果，提升教育实效。具体来讲，大学生组织要通过积极满足个体需求，使组织成员对组织满意；个体的需求要及时转化为组织发展的需求，使组织对其成员的贡献满意；组织发展的需求要全面转化为思想政治教育的需求，使教育者对大学生组织发挥的思想政治教育效能满意。上述一系列的需求转化，实际上就是优化大学生组织建设的主要任务。

二、优化大学生组织建设的方法手段

指导理念是优化大学生组织建设的顶层设计，而有效的方法手段则是推动组织建设的具体指针。大学生组织建设的方法手段既要体现现代思想政治教育的本质要求，更要做到在继承传统的基础上创新发展。优化大学生组织建设的方法和手段，实质上就是找准新时代指导大学生组织发展的切入点，强化依托大学生组织开展思想政治教育活动的有效性，提升组织的感染力。

（一）不断改进引导策略

引导策略与教育方法的不同之处在于，引导策略是较为宏观的教育方式，更多地体现为思想政治教育者对大学生组织建设的组织控制与活动监管。随着我国高等教育受教育人数的不断增加和大学生组织形式的不断发展，传统由高校思想政治工作队伍主导实施的单一化管理与单向型引导已经不能完全满足大学生组织思想政治教育的需要，不仅使思想政治教育者力不从心、疲于应付，而且也没有充分利用校内外更为广泛的思想政治资源。因此，我们要不断探索从“单一单向”向“多元复合”转变的大学生组织引导策略，尝试构建三个层面的组织育人体系。一是学科育人。结合当前大学生群体的总体需求，调动专业教师的积极性，立足“思政学科”的主体框架，发展“学科思政”的引导教育功能，尤其是以马克思主义学科为主的“一主十一支撑”① 的哲学社会科学学科体系，共同为优化大学生组织建设服务，为完成立德树人的根本任务服务。切实解决专业教育与思想教育“两张皮”的突出问题，找到二者之间的“黏合剂”，实现价值体系和知识体系的有机融合。二是管理育人。强化学生工作部门与校内其他管理部门的沟通协作，借助专业力量指导和帮助部分大学生组织快速发展，形成宣传育人、科研育人、资助育人、就业育人等全方位育人格局，共同参与优化大学生组织建设。三是全员育人。将对大学生组织建设的引导教育延伸至校园以外，关照家庭教育和社会教育的重要作用，进而实现纵向衔接、横向贯通，有用管用的教育合力，以此全面提升大学生组织建设水平②。

（二）不断创新教育方法

大学生组织建设的教育方法主要是指思想政治教育方法在大学生组织形成发展过程中的实际应用。创新教育方法是对传统教育方式的扬弃，适应新形势下高校思想政治工作的要求，回应了大学生群体的组织归属期待。总的来讲，要注意以下三个方面的内容：首先，要坚持对既有教育方法的传承。在大学生组织建设中，一些常用教育方法可以发挥很好的作用，如疏导教育

① “一主十一支撑”是习近平总书记 2016 年 5 月 17 日在哲学社会科学工作座谈会上强调的。“一主”即马克思主义学科，“十一支撑”即对哲学社会科学具有支撑作用的学科，如哲学、历史学、经济学、政治学、法学、社会学、民族学、新闻学、人口学、宗教学、心理学等。

② 王子刚，王占仁．实施以育人育才为中心的哲学社会科学整体发展战略的科学价值．东北师大学报（哲学社会科学版），2018（3）．

法、典型教育法、比较教育法、激励教育法等等[①]。思想政治教育者要善于适时适当地利用上述传统教育方法，在继承中实现创新，而不是一味地求新求变，忽视了教育的效果。尤其是面对新时代大学生组织发展的多样性、交叉性、不稳定性等基本特征，更要针对不同的教育目标和要求，采取分层分类的教育方法，力求思想政治教育有针对性和实效性。其次，要与时俱进，借鉴与使用科学的方法。当前，大学生自主意识支配下的新型学生组织日益成为高校学生组织的重要构成。这类组织具有一定的潜在心理调节机制，容易形成突发性的动员和集结力量。思想政治教育者应广泛借鉴企业组织管理、人力资源管理及团队管理理论，改进和完善教育方法，对新型学生组织加以组织重塑和合理引导，以期充分发挥其组织感染性效能。最后，要具体问题具体分析。创新大学生组织教育方法，决不能废黜一方、独尊一方，要针对具体的组织、具体的个体、具体的案例来科学施策，强化从感性到理性、从理性到实践、从实践到规律的全面把握。

（三）不断完善技术手段

优化大学生组织建设的技术手段是较教育方法更为具体的措施。一方面，思想政治教育的技术手段既要符合时代发展要求，体现科技进步成果，还要适合大学生群体和大学生组织建设的实际。另一方面，要通过技术手段的不断革新，促进大学生组织思想政治教育从经验型逐步走向科学型，不以教育者或受教育者的主观意志为转移，注重教育的实际效果和大学生的需求满足，形成好用、实用、管用的技术体系。在实施教育的过程中，应着重考虑两方面：一是运用心理学理论“洞悉”大学生组织带来的集体影响。思想政治教育者熟练掌握心理学基本理论后，即可转化为一定的技术生产力。特别是在指导大学生组织建设中，认同归属、情感共鸣、情绪感染、模仿学习等理论技术，能够有效帮助教育者预判组织即将带给学生群体的积极或消极影响，从而及时调整教育目标与教育内容，保证组织思想政治教育的正确导向和可期结果。二是运用信息化技术“驾驭”大学生组织的发展趋势。应该说，发

① 郑永廷．思想政治教育方法论．修订版．北京：高等教育出版社，2010：146-161.

达的信息化技术不仅是优化大学生组织建设的技术手段，同时也是新兴大学生组织形成发展的一种典型方式。思想政治教育者关注和使用信息化技术的最终目的，是更好地融入学生群体，动态把握大学生的思想状况，了解青年群体的所想所思，强化与学生之间的高效沟通，进而有效管控学生集合体——大学生组织的发展，引导高校学生组织“航船”驶向符合时代要求和大学生自身成长需求的理想彼岸。

三、优化大学生组织建设的体制机制

优化大学生组织建设的体制机制是推动学生组织健康发展的重要保障，是提升大学生思想政治教育组织感染性的关键所在。在日常思想政治教育实践中，应重点从教育领导、组织运行和发展评估等方面捋顺相关体制机制。

（一）优化教育领导体制

大学生组织建设的体制机制并非独立存在，而是高校整体思想政治工作和大学生思想政治教育制度体系中的重要一环。我们探究体制机制的改革与创新不能仅观其一隅，而不知其全貌。尤其是在教育领导体制方面，要紧密围绕新形势下党和国家对高校思想政治工作的总体要求。2016 年，中央 31 号文件和全国高校思想政治工作会议明确提出，要构建“大思政”一体化格局的领导体制。“大思政”要求在教育对象上兼顾教师和学生两个群体，在教育领导和组织力量上统筹组织、宣传、教育部门，涵盖以马克思主义学院为主的各二级单位教育主体。一体化具体包括本研一体化、教学科研一体化、主渠道主阵地一体化。构建“大思政”一体化格局的最终目的，是要打通高校思想政治工作“最后一公里”，深入基层“盲肠地带”，坚决消除“中梗阻”、“肠梗阻”，切实将思想政治工作落实到“毛细血管”。大学生组织作为思想政治教育的重要依托和有效载体，必然要遵循高校思想政治工作的领导体制；同时，结合自身特点，尝试构建“一体化领导”“专业化运行”的工作机制，探索组织建设的实践路径，真正实现从传统到新兴、从有形到无形、从线上到线下的大学生组织思想政治工作全覆盖，做到时间上无空档、空间上无死角、内容上无遗漏。

（二）优化组织运行机制

组织运行机制是保证大学生组织良性运转的基本准则及相应制度，这种机制引导和制约着组织思想政治教育的有序开展，是决定大学生组织建设发展水平的重要影响因素。优化组织运行机制实质上是对已有运行环节和关键节点的再平衡，具体包含多方面内容：首先，优化大学生组织宏观管理机制。好的管理是组织运行的基石，对大学生组织的管理既要明确当代大学生群体的现实需求，还要充分关照新时代大学生组织的基本特征，做到解决思想问题与解决实际问题相统一。管理中可以有效借鉴西方国家的学生事务管理经验，提升本土学生组织管理的专业化水准和科学化程度。其次，优化大学生组织信息沟通机制。网络信息化时代的思想政治教育，方方面面都要注重信息化带来的重大变化。在大学生组织运行的过程中，思想政治教育者应时刻关注组织的发展变化，采取定性、定时、定量的大数据分析方法，建立健全大学生组织与大学生群体之间的思想动态数据平台，不断强化信息沟通机制在重大时间或事件节点上的研判作用。最后，优化大学生组织支持保障机制。学校相关部门要站在高校思想政治工作全局的高度，逐步实现多方协同和部门联动，为大学生组织建设提供政策支持与制度性保障。

（三）优化发展评估机制

大学生组织的发展评估机制是对大学生组织思想政治教育功能的全面检验与客观审视。优化组织的发展评估，可以有效解决大学生组织建设过程中存在的主要矛盾和问题。当前，高校学生工作部门对学生组织发展现状的评估大多采取“述职”＋“评奖”的定性方式，如“团学组织换届述职大会”“先进班集体评选汇报会”“优秀寝室评比会”等。传统单一形式的定性考核属于被动评估机制，具有明显的片面性：一是考核对象的片面性。先进组织的评选范围主要集中在正式组织之中，评选程序主要由院系推荐产生，更多新型学生组织并没有被直接纳入考核评估体系。二是组织成员的片面性。这种汇报或述职形式的评估，参与动机往往来自教育者而非学生本身，前期准备工作局限于小范围的组织领导者中间，最后基本是由学生组织的“代言人”——主要学生干部来完成。毫不客气地说，类似评估的院系“本位”思想明显，主体“逐利”意识突出，主观“表演”成分浓重，极易脱离大学生组织建设实际。三是评估结果的片面性。单一定性评估的评估主体主要由教师组成，而大学生组织是广大学生之组织，而非教师之组织。单纯以教师视角评估学生组织，结果是不符合学生群体期待的。因此，思想政治教育者应进一步改进和加强大学生组织发展的评估机制，采用定性评价与定量评价相结合的评估方式，探索建立大学生组织发展动态报告制度，实施分层、分类、分阶段评估，引导学生主体更多地参与到组织评价中来，最终实现对大学生组织建设的科学化评估。

优化大学生组织建设最终要实现两个目的：一是全面适应新形势下加强和改进高校思想政治工作的要求。二是更好实现大学生组织思想政治教育感染性理论的实际运用。只有在思想政治教育框架下建设强有力的大学生组织，才能进一步优化学生组织功能，增强组织的吸引力、影响力、感染力；才能进一步保持学生组织结构基本稳定，注重组织内文化传承的感染性；才能进一步扩大学生参与组织的范围与途径，保证组织感染性教育的基本面；才能进一步创设组织感染环境，通过高品质组织生活营造教育氛围，进而为高校立德树人提供有力支撑。

第二节　强化大学生组织感染性的思想政治教育实践路径

前面我们着重分析和阐释了大学生组织思想政治教育感染性的内涵、特征、机理和规律等，这些都属于理论层面；而在思想政治教育的具体实践中，如何强化大学生组织感染性？强化的重点又在哪里？本书认为，强化大学生组织感染性的思想政治教育实践路径，关键在于积极发挥“三个主体”的作用。“三个主体”是指作为教育者的思想政治教育工作者、作为受教育者的大学生骨干、作为教育载体或者说教育环境的大学生组织本身。

一、教育者要努力提高对组织感染性的认识和能力

我国著名教育家、清华大学原校长梅贻琦曾在《大学一解》中提道："古者学子从师受业，谓之从游。孟子曰：'游于圣人之门者难为言'，间尝思之，游之时义大矣哉。学校犹水也，师生犹鱼也，其行动犹游泳也，大鱼前导，小鱼尾随，是从游也，从游既久，其濡染观摩之效，自不求而至，不为而成。"① 他将学生对老师的模仿比喻为"从游"，模仿的时间长了，就会产生耳濡目染的效果。这是对教育者感染受教育者的形象描述。身为教育者，尤其是思想政治教育工作者要站在时代发展的高度，从工作理念上实现转变，从方式方法上实现创新，切实提高利用感染性规律提升大学生组织思想政治教育的能力。

（一）认识上有意为之

教育者首先要牢固树立组织感染性教育的自觉意识，充分认识大学生组织对大学生成长成才的重要意义及组织感染性在思想政治教育中的重要功能。因为人的思想品质既不完全取决于主体自我意识，也不是单纯客观环境因素在主体上的消极反映，而是主客体在实践中相互作用的结果。教育者还要进一步明确，组织感染性教育不是"灌输式"思想政治教育在大学生组织中的变相输出，而是经典方法的再利用，是适应时代要求的新思路。在大学生思想品德形成发展的过程中，大学生组织通过组织生活与组织活动影响制约每个个体，在一定意义上决定组织成员的思想品德面貌；反之，个体在一定思想品德指导下的社会实践活动又反作用于组织，在一定程度上改变组织环境，并在改造组织的同时改造自身。在这种互动中，组织感染性在其中发挥了重要的催化作用。教育者要充分利用组织感染性，扩大思想政治教育的影响面，提升思想政治教育的工作效率，实现思想政治教育的亲和力和针对性目标。

---

① 陈平原. 大学为何. 北京：北京大学出版社，2006：151.

(二) 过程中把握契机

经过对大学生组织思想政治教育感染性发生机制与特点的分析，我们知道，组织感染性教育应讲究技巧和方法，并不是在所有的条件下都可以利用组织感染性教育，也不是面对所有思想政治教育内容都一定要采取组织感染性教育。教育者要善于在思想政治教育实践中发现教育机会、把握教育时机、抓住教育契机，切不可含糊其词、马虎随意。一是要准确把握大学生情感共鸣的契机。本书一再强调，情感具有感染性特征，人与人之间的情感可以实现相互感染，从而导致组织个体或个体之间产生连锁性感受反应并引起情感共鸣，最终改变个体思想行为。教育者要认识到，情感共鸣不是长期固定存在的，而是瞬间激发的短暂效应，只有把握住大学生群体情感共鸣的契机，组织感染性教育才能有效切入。二是要准确把握重大事件的教育契机。日常生活中的重大事件对组织感染性教育具有诱导和推动作用，如 2001 年北京申奥成功和中国加入世界贸易组织、1999 年的美国轰炸中国驻南联盟大使馆、2008 年的抵制家乐福事件（由奥运圣火护卫战引起）等，最终引发大批学生及学生组织参与。教育者在利用重大事件开展组织感染性教育的过程中，既要让学生受到教育影响，更要注意辨别事件背后的主要矛盾，引导学生群体在理性中表达情感并付诸行动。三是要准确把握思想政治教育感染性的内容。组织感染性教育虽然优势明显，但也不能无限度地扩大其适用范围，对于思想政治教育中明确的政治主张和大政方针，教育者要选择更为合适的教育方法。

(三) 能力上“三个坚持”

强调教育者的教育能力，实际上还是指向感染性教育的实践。教育者要深入掌握组织感染性的基本原理和内在规律，切实转变思想、调整态度，率先垂范，注重教育者与受教育者相统一、形式与内容相统一。具体来讲，要做到“三个坚持”：一是坚持以“平等”触发感染。教育者与受教育者之间的平等关系，是组织实施感染性教育的基本准则，是触发教育对象“无意识”接受的前提。组织感染性教育属于思想层面的交流，“不能被简化为一个人向另一个人‘灌输’思想的行为，也不能变成有待对话者‘消费’的简单的思想交流”[①]。教育者在主导组织感染性的过程中，首先要将自身放置在学生群体的立场中，做到师生之间“形神合一”；其次要将思想政治教育内容生活化、对象化、时代化，引导大学生参与其中，促进组织感染性教育契机的出现。二是坚持以“用情”构建感染。情感共鸣是组织感染性形成的关键，是思想政治教育价值升华的重要体现，应受到教育者的高度关注。所谓用情，不是一时的感情冲动，更不是某种同情，而是教育者与受教育者基于情感的相互吸引与推动。“单有知识，而没有感情以鼓舞之，还是不行，所以又要感情，引起他的欲望，使他爱做，不得不如此做，对社会有一种同情和忠心。”[②]因此，教育者要充分关注、引导和支持各级各类大学生组织的发展，尽最大努力尊重、理解和帮助大学生，并通过组织与学生个体构建教育以外的情感交流渠道，形成组织感染条件，实现组织感染目的。三是坚持以“共享”传递感染。共享是群体中特有的人的交流方式，是人际交往的重要内容，也是组织感染性教育的基本原则。在思想政治教育中，教育者需要与受教育者共享思想、观点、知识。在大学生组织中，学生个体之间需要共享生活感悟、学习经验、成长经历。精神层面的共享可以有效促进群体中的交叉感染，形成思想上行为上的规模化效应。“每个人都认真地倾听他人的意见和想法，每个人也都彻底地表达出他内心深处最真实的想法和看法，然后让不同的观点和意见之间彼此碰撞、激荡、交融，从而让真理脱颖而出。”[③] 教育者要积极营造大学生组织的“共享”性感染氛围，既使师生之间教学相长，又促进学生个体间取长补短，从中体验到与教育对象共创、共享教育的幸福。

（四）方向上引导“正能量”

鉴于大学生组织感染性的矢量效果，在教育过程中要特别注意感染方向上的引导，积极传递“正能量”，发挥正面感染作用，控制负向感染苗头。首

---

① 弗莱雷．被压迫者的教育学．顾建新，赵有华，何曙荣，译．上海：华东师范大学出版社，2002：97.

② 杜威．杜威五大讲演．胡适，译．合肥：安徽教育出版社，1999：173.

③ 伯姆．论对话．王松涛，译．北京：教育科学出版社，2004：10.

先，教育者要善于区分不同类型组织感染性的影响来源。通常情况下，这种影响来源可分为自觉的教育影响和自发的非教育影响两大类。是否具有明确的思想政治教育目的性是判别上述来源的根本标志。一般地说，学校党委、团委指导下的党团组织、学生会、班集体、校园媒体等有计划地对大学生施加的影响，是有目的的自觉的教育影响，组织感染性总体上是积极正面的；而凡是自发的大学生组织如社团、同乡会、网络自组织带来的思想政治教育影响不是十分明确的影响，都属于自发的非教育影响，组织感染性可能是正面的，也可能是负面的。认清组织感染性的影响来源，有助于教育者提前做出预警和判断。其次，教育者一旦面对学生组织带来的大范围负向感染，要迅速协同校内相关部门，实施有效的管控措施，以缩小影响范围，包括利用深入走访学生、加强宣传引导、发动学生骨干、监督网络舆论等手段。

二、学生骨干要在组织内部充分发挥榜样感染作用

“树榜样、学典型”是我们党思想政治教育工作的重要方法和宝贵经验。榜样的力量是无穷的，身边的榜样往往比遥远的理论更“接地气”，在群众中具有强大的影响力和感染力。从大学生组织内部出发，学生骨干作为榜样的“形象代言人”，是发挥组织感染性作用的主要推动者，是强化组织感染性教育的中坚力量和重要依靠。这里的学生骨干，既包括大学生组织中的学生干部、学生党员，也包括组织的主要策划者和领导者、参与组织活动的积极者。学生骨干在大学生组织中，通常可以起到以下四个方面的感染性作用：

（一）思想上引领感染

大学生组织中的学生骨干往往是学生群体的先进代表，是在老师信任、学生拥戴、实践检验中脱颖而出的“特殊”分子。一般情况下，学生骨干中的学生党员具有较强的政策理论水平和政治敏感度，学生骨干中的学生干部具有较强的大局意识和核心作用。他们在把握和了解组织群体或组织成员思想动态方面，有自身独特的视角和不同的渠道。面对特殊时期的特殊问题时，学生骨干在思想意识层面可以与教育者保持高度一致，引领和感染广大基层大学生的思想与行为向积极正面的方向发展，成为思想政治教育的得力助手

和有力抓手。

（二）行动上表率感染

大学生组织中的学生骨干多为“行动派”。对于组织成员来说，行动上的感染看得见、摸得着，远比思想上的感染来得更为实际，也更容易结合自身需要进行效仿和学习。这种表率感染作用具体体现在两个方面：一是践行规范的表率。学生骨干对于思想政治教育要求、学校规章制度及组织规约较普通学生有着更强的践行意识和执行力，可以感染组织成员进一步规范个体行为，发挥步调一致向前看的群体优势。二是创新发展的表率。学生骨干能够较好实现个人发展与组织发展的有机结合，体现自身在学习、工作、能力等方面的优势，这种大学生组织中的相对优势可以感染更多身边人加入其中，产生积极的从众效应。

（三）生活中互助感染

大学生群体的特殊性决定了他们在日常学习生活中会面临很多实际困难，如学习落后、工作乏力、经济拮据、交往受挫、情感困惑等。根据我们的观察发现，当学生个体遇到这些问题时，他们选择求助的第一对象既不是辅导员老师，也不是家中父母亲属，而是更多指向归属感较强的集体中的同学和朋友。因此，在大学生组织中，学生骨干就恰当地扮演了这一角色，他们如果能及时发现并帮助同学排解情绪、解决困难，架设起“问题”学生与思想政治教育者之间的沟通桥梁，就能自然形成组织中的生活互助。学生骨干的这种担当意识和责任意识，会在组织内部形成互助感染效应，推动组织向更高阶段发展，强化组织的团结力。

（四）交往中交叉感染

个体之间频繁的交往互动是大学生组织具有旺盛生命力的体现，更是组织感染性交叉影响的基础。学生骨干在组织交叉感染过程中发挥着不可替代的重要作用。首先，学生骨干会通过开展丰富多彩的组织活动促进组织成员之间的交往融合，个体的相似性和差异性得到充分彰显，个体对组织的认同感和归属感会进一步加强。其次，面对组织中必然存在的少部分性格孤僻、行为拘谨的“边缘化”个体，学生骨干可以在交往中对其实现有效的拉动与融合，而针对组织成员之间的矛盾，学生骨干又发挥了重要的引导与调和作用。因此我们认为，通过学生骨干呈现的交叉感染，是大学生组织长久发展的“润滑剂”和“黏合剂”。

上述这些学生骨干一旦在同学们心目中具备先进性、典型性、权威性和可信性，他们即是组织中的“榜样”，都可能产生组织感染性教育效果。思想政治教育者要在大学生组织骨干成员中，努力选树更多的正面榜样人物，充分发挥榜样的精神感染、人格感染、行动感染的深层次力量。榜样的选树要从学生中来，到学生中去，榜样越是贴近实际就越为鲜活。鲜活的学生榜样可以“用身边人讲述身边事，让身边事影响身边人”，可以“直达学生内心，直击学生灵魂”，强化学生个体的信服感，提升教育本身的说服力，增加学生组织的感染性，进而推动整个大学生群体向身边榜样不断靠拢，从而向思想政治教育目标不断迈进。

三、大学生组织本身要创设感染条件，形成感染氛围

无论从理论角度还是实践角度来看，大学生组织都是感染性教育发生的最佳途径和最优载体，这也是本书基于大学生组织来研究思想政治教育感染性的初衷。因此，强化大学生组织的感染性，必然要从组织本身来考虑问题。对任何一个大学生组织的感染条件进行评估，都可以从以下四个方面展开：

（一）吸引力稳感染基础

关于大学生组织吸引力是组织感染性的重要基础条件，本书在前面章节已经进行过大量论证，这里不再赘述。从强化组织感染性的思想政治教育实践路径出发，需要集中阐释清楚一个问题，那就是组织依靠什么来吸引个体主动参与并受组织感染。从现实情况来看，满足大学生多层次需求是组织吸引力的核心所在。一个组织的形成发展内含学生个体需求，学生才会“闻风而动”，“向阳而来”，组织感染性才拥有稳定的基础。对同一个个体来说，加入的组织越多，说明其需求越多样，受感染的可能性越大；对同一个组织来

说，加入的个体越多，说明其吸引力越强，实施感染的基础越好。思想政治教育者在指导大学生组织建设和发展的过程中，要千方百计地将学生共性需求“注入”组织发展目标，“引凤来巢”，提升组织的吸引力水平，筑牢组织感染力基础。同时，鼓励学生在精力允许的情况下，主动参与更多类型的学生组织，满足不同层面的成长需求。

（二）高效率促感染形成

大学生组织的高效率有两层含义：一是指组织成员之间的互动效率，二是指教育者借助组织开展思想政治教育的效率。两者是辩证统一的关系。组织成员的互动效率很好理解，个体互动频繁促进交往密切，交往密切带来情感归属层次跃升，情感一旦激发共鸣，组织感染性就相应形成。而关于思想政治教育的效率提升，实际上有很多途径，但以组织教育形式提升思想政治教育效率是最为直接和有效的手段。因为不同类型的大学生组织承载了很多学生群体的共性问题，解决一个组织的问题就可能回答了绝大多数成员的困惑，且组织的成员越多效率越高，组织感染性在这一过程中起到了“引擎”和扩大影响的作用。反过来说，思想政治教育的高效率其实也变相促进了组织感染性的形成。

（三）和谐度助感染扩散

大学生组织的和谐度即组织的和谐氛围，是组织内部环境建设的重要参考指标。从思想政治教育实践来看，组织中的和谐不仅体现在成员心理相容基础上的相互尊重与相互理解，更体现为个体与组织在彼此适应过程中达成的一致追求。一致是相互接纳的表现，追求则是组织感染性带来的共同目标指引。在相对和谐的大学生组织氛围中，集体利益与个体利益寻求到了它们的“最大公约数”。一方面，组织成员开始对组织形成更为强劲的向心力，并将组织目标自觉内化为自身行动指南，促进组织实现更好更快发展；另一方面，组织也开始引导其成员形成互帮互助的力量支撑，不断扩大组织感染性带来的积极效应，并主动为成员进步需要提供群体助力，推动个体实现最大限度的自由全面发展。因此，思想政治教育在指导大学生组织发展中，要着重营造组织的和谐氛围，助力组织感染性的有效扩散。

（四）“文化范”赢感染效果

组织文化是组织的灵魂，从组织创建开始文化就蕴含其中，与组织本身一样，其发展也是一个逐步制度化的过程[①]。大学生组织文化是组织在长期实践活动中形成的，是组织成员恪守共同价值取向、行为准则的综合体现。优秀的组织文化，强调组织的价值共识与成员的和谐相处，注重个体与组织的辩证关系。大学生组织赖以运行的组织文化，是决定组织凝聚力与发展动力的关键要素，是充分发挥群体潜力的载体，具有凝结关系、协调配合、推进合作的功能。与教育者通过大学生组织直接传递思想政治教育信息相比，借助组织文化间接、隐性地表达更具感染力和持久性。可以说，组织文化是促进大学生个体发展的引导力量，是促进组织可持续发展的内在力量，更是强化组织感染性效果的直接推动力量。

第三节　解剖麻雀：从一间寝室看大学生组织感染性教育引导策略

对于大学生组织思想政治教育感染性的引导策略，本书以“解剖麻雀”[②] 的研究方式，对一个具体案例进行分析，见微知著、以小见大，从特性中寻找共性所在，以期为大学生思想政治教育一线工作者提供借鉴参考。

一、案例描述

2017 年 11 月，吉林省综合类都市生活日报《新文化报》在头版刊登了一

---

① 于显洋. 组织社会学. 北京：中国人民大学出版社，2016.

② “解剖麻雀”是一种重要的领导方法，具体是指通过深入研究具体典型，从中找出事物的规律的领导方法。共性寓于个性之中，“麻雀虽小，五脏俱全”，解剖一只麻雀，可以从中得到对所有麻雀共同本质的认识。

篇题为《这间“学霸寝室”让人想双击 666》[①] 的写实报道，摘要如下：

> 4 年前，6 位素不相识的女孩考入东北某重点大学地理科学学院，并成为一个寝室的室友；4 年间，她们朝夕相处，相互督促、共同进步。2018 年全国硕士研究生考试还有一个多月的时间，准考生们正在进行最后的冲刺，而她们全部获得硕士研究生保送名额，寝室成员杜某更是获得了上海地区某“985”工程高校、世界一流大学硕博连读的保送名额。这 6 个女孩儿在 4 年的大学时间里，在互相学习的过程中成就了一个不一样的自己。她们不仅在各项考试中取得优异的成绩，还有 3 人科研项目结项并发表文章，获得的国家奖学金、校长奖学金、一等奖学金、优秀学生干部奖学金、美德风范奖学金、学有专长奖学金、创新创业奖学金等总计达 4 万余元。全寝成功保研的消息很快在校内传开，她们也成为一些父母眼中“别人家的孩子”。考神、“女学霸”、优秀学生干部……
>
> 该报道从“为坚持：早上不到六点敲看楼大爷房门”“为目标：同寝室一起进步，彼此是榜样”“为友谊：世界那么大，结伴去看看”三个侧面，通过访谈的形式集中介绍了这一优秀寝室在大学学习生活方面的细节。得出的结论是：“我们寝室有很好的学习氛围，不仅要自己成为优秀的人，也要让宿舍成为一个优秀的集体！大家一起进步，互相学习，要成为彼此的榜样，这是我们寝室的‘奋斗目标’。”
>
> 负责该寝室思想政治教育工作的老师强调：“这和寝室整体学风、一起带动的氛围有关……且这 6 名女生都是学院主要的学生骨干，她们工作之余会相互促进，共同提高学习效率。”教育领域专家认为：“学生保研具有‘扎堆’现象，说明整体学风带动在其中起主导作用。”

从报道中我们可以发现：这是一个有可能发生在每个思想政治教育工作者身边的鲜活案例，也是本书所研究的大学生组织思想政治教育感染性的典型案例。那么，在大学生组织中，为什么会有这样的案例发生？是机缘巧合，还是教育本身带来的影响，抑或组织感染性的“功劳”？如果是因为组织思想

---

① 这间“学霸寝室”让人想双击 666. 新文化报，2017-11-18.

政治教育感染性导致的结果，身为教育者又当如何去科学施教、有效引导？下面，我们就这一现象进行详细分析。

二、大学生寝室组织关系的类型与特质

大学生组织思想政治教育感染性的发生，很大程度上取决于与之密切接触的大学生组织的发展水平，而寝室组织是其中感染性效果发挥较为明显的一个组织类型。寝室组织具有其特殊的内在结构，寝室的发展目标、行为规范、角色地位、成员关系都是这种结构模式中的基本要素。根据思想政治教育组织感染性影响因素的不同，结合寝室组织成员个体多维发展水平和自我管制能力的差异，可大致将大学生寝室组织划分为目标导向型、表征和谐型、结构离心型和消极被动型四种主要类型，具体特征如下：

（一）目标导向型寝室组织

目标导向型寝室是思想政治教育最为期待形成的寝室组织类型，也是组织感染性最为明显的类型之一。目标导向可以最大限度地凝聚和整合由多元背景自由组合的寝室成员的思想和行为方式。该类型寝室组织最为突出的特征就是组织目标明确，且由于寝室组织成员数量少、影响范围小，这种统一目标较大型组织更易达成。发展目标一旦确立，寝室组织就会通过建立相应的制度来约束成员行为，为尽快实现目标构建组织规约。同时，由于寝室组织成员将大量精力投入目标引领的实际学习和工作中去，成员间的矛盾相对减少，寝室中和谐融洽、互帮互助、积极进取的文化氛围逐步形成。短期内组织成员公认的榜样式人物日益显现，并成为带领寝室组织进入新一轮更高层次发展的核心动力，其他成员对寝室组织的认同感和归属感得到进一步提升。

（二）表征和谐型寝室组织

表征和谐型寝室是最为常见的大学生寝室组织类型，广泛存在于学生群体之中。表征和谐是表面上的成员和睦关系，非深层次的组织和谐。一般情况下，我们强调一个组织的和谐基本上是对组织发展和组织内部关系的全面

肯定，真正意义上的和谐组织一定是以发展和谐为前提、以关系和谐为基础的。表征和谐型寝室最大的特点是寝室成员的人际交往关系融洽，但组织发展目标并不十分明确，不是真正意义上的和谐寝室。与目标导向型寝室相比，表征和谐型寝室还表现为：组织核心人物缺失，组织开放程度不高，组织活动生活化等。该类型寝室的和睦关系也是有一定限度的，由于组织的向心力不足，一旦出现不可调和之矛盾，表征和谐即被破坏。但换个角度考虑，表征和谐型寝室组织的不稳定性，恰恰为思想政治教育提供了更大空间和余地，是营造组织感染氛围、运用组织感染性教育规律的主要对象。

（三）结构离心型寝室组织

结构离心型寝室是大学生组织特征表现最不明显的寝室组织类型，组织感染性最弱。其主要表现为：内容上，寝室没有相应的组织目标与组织规约，几乎不存在任何形式的组织活动，成员对组织不认可、不认同、不归属，组织关系冷漠，组织文化无从谈起；形式上，寝室成员各自为战、互不相干，往往通过寝室以外的学生组织寻求心理需求上的归属感，对上级组织如班集体布置的学习任务或工作要求不能按时传达和完成。本书在第一章第一节大学生组织的分类与特征中提到，寝室属于体制约束型组织，是学校出于教育教学需要而预先设定的学生组织。鉴于上述表现和组织类型的特殊性，我们可以认为，结构离心型寝室缺少组织存在和发展的必要条件，组织成员具有明显的“乘客心理”[①]，寝室作为学生组织的功能基本丧失，仅为生活居所而已。

（四）消极被动型寝室组织

消极被动型寝室是思想政治教育重点关注的组织类型，该类型寝室虽然在促进成员发展方面引导作用和功能发挥最弱，但组织感染性却很强。消极被动型寝室又可细分为以下两种：一是非主流式寝室。表面上，非主流式寝

---

① “乘客心理”是指群体成员以“无个性”的面目出现。主要特征如下：群体内部之间缺乏默契和信息交流，是一种硬性组合；个体本身无所作为，个体本身的无目的性与群体共同的无目的性结合，在这种心理支配下的个体认为只有自身选择的权利，而无群体交流的义务，消极的无个性的表现对群体的发展产生不利的影响。

室与表征和谐型寝室非常相似，组织成员间的人际关系融洽，交往密度超过一般同窗友谊，成员价值取向相近、爱好趋同，组织聚会或组织活动频繁，甚至组织目标都清晰明确。但不同的是，其目标导向往往与思想政治教育目标、学校管理规范或大学生行为准则相悖而行，如网络成瘾的寝室、集体挂科的寝室、聚众赌博的寝室、长期晚归的寝室等。非主流就意味着反价值观，尤其要引起思想政治教育者的高度重视，因为这类学生组织通常有较强的凝聚力和深层次群体意识，负向感染性很强。二是矛盾式寝室。由于寝室属于典型的近距离交往组织，在心理相容未达到一定默契之前，成员间因文化背景、生活习惯、语言表达、个性特征等方面的差异性容易引发矛盾冲突。在矛盾双方相对固定的情况下，随着冲突频率和程度的不断加深，寝室组织会因冲突事件产生负向感染，最终导致成员关系淡漠、僵化，甚至破裂。在思想政治教育实践中，几乎所有的辅导员班主任都会遇到消极被动型寝室，如不及时加以正确引导和调和，对整个学生群体的发展都可能造成不利影响。

以上四种类型寝室的思想政治教育组织感染性有显著差异。目标导向型寝室和消极被动型中的非主流式寝室组织感染性最强，但组织感染性方向不同。目标导向型寝室是正向感染，而后者是负向感染。表征和谐型寝室的组织感染性居中，但这种感染性属于情绪性感染，而非目标性感染，组织感染性效果仅仅局限于人际关系之中，尚不能形成积极向上的感染性群体动力。消极被动型中的矛盾式寝室也存在组织感染性，但这种感染带给组织成员的往往是心理上的创伤效应，即使矛盾冲突解决以后，组织带来的阴霾感还会长久滞留在成员个体意识之中。结构离心型寝室的组织感染性最差，由于组织目标缺失、人际关系冷漠等原因，这类寝室组织基本不具备组织思想政治教育感染性发生的条件。

比照上述寝室组织关系的分类和思想政治教育组织感染性的分析，我们可以发现：案例描述中的寝室属于典型的目标导向型寝室。具体体现在：明确的组织目标——共同学习进步，约定俗成的组织规范——早上不到六点一起去学习，和谐的人际关系——为友谊结伴出游，组织核心人物的存在——彼此是榜样，开放化的组织体现——老师、辅导员高度认可，组织成员整体素质高——都是学院主要学生骨干，组织成员个性得到全面发展——全部获得研究生保送名额。这种大学生组织是思想政治教育组织感染性的理想模式和教育影响典范。

三、组织感染性理论的具体应用与方法

本书在第五章总结梳理的大学生组织思想政治教育感染性机理是对感染性教育理论的高度概括。面对思想政治教育实践中的大学生组织建设问题，应结合组织构成要素，充分运用情感共鸣、竞争激励、心理相容、人际吸引、模仿学习等基本原理，推动形成组织感染性，引导大学生组织更好地满足学生个体成长成才的全面需要。具体来讲，我们可以通过以下途径加强和改进大学生寝室组织的思想政治教育：

（一）运用情感共鸣机理创建高层次组织目标

组织目标是组织形成的核心要素，是组织发展的动力源泉，更是满足大学生需求的科学指向。寝室组织目标直接体现了寝室成员在价值取向、思想观念、思维方式、行为方式上的一致性。不同寝室形成的组织目标有层次高低之分。高层次的组织目标是与思想政治教育目标相统一的，是立足全体寝室成员共同发展愿景的长期目标。低层次的组织目标更多是满足成员短期喜好的目标。由于大学生组织具有亚层性特征，所以其组织目标也是亚层意义上的目标，不一定被组织成员明确意识到和感知到，因此要充分激发组织目标的感染性。寝室不同于其他大学生组织，作为学生日常学习生活的主要和固定场所，寝室成员间的情感联系非常紧密，情感影响也较其他组织更为强烈，这就为基于情感共鸣机理下的组织感染性提供了运行条件。思想政治教育者要有效利用寝室成员间的情感共鸣引导创建高层次组织目标，针对不同学科、不同专业、不同性别、不同特点的学生寝室，围绕组织成员的群体需要，调动大学生个体的主观能动性，营造轻松和谐的情感氛围，打通情感沟通的屏障，确立长远期相结合、群体个体相统一、理论实际相协调的组织目标，并根据大学生年级跃升不断推动组织目标向更高层次发展。

（二）运用竞争激励机理形成先进组织规约

组织规约是组织良好运行的重要制度保障。大学生寝室组织的规约不一定非要上升到规章制度，更多的是一种寝室成员间约定俗成的潜在规范。寝室组织规约一经形成，在成员思想认知层面会建立一把“标尺”，用以衡量个体行为方式是否符合组织的要求。思想政治教育在促进大学生寝室组织规约的形成过程中，要适当引入良性竞争激励，通过针对寝室组织的“优秀寝室评比”或针对寝室成员的“先进寝室长评选”等活动，打造一种不甘落后、争取优胜的竞争环境，激发寝室之间或寝室内部的竞争式感染，使竞争意识与激励方法融入组织规约主要内容，成为引导更多个体积极进取的制度推动力。

（三）运用心理相容机理营造和谐组织氛围

大学生寝室的组织氛围包括思想氛围、学习氛围和交往氛围等，其中交往氛围是和谐氛围的基础，思想氛围和学习氛围是具体内容。良好的组织氛围为组织目标的实现和组织规约的达成提供了必要的外部环境。大学生寝室组织由于成员数量有限，每一个个体都是形成和谐组织氛围的重要因素和主导力量。寝室组织氛围和谐与否，或者说这种和谐能否长时间地驻留在组织之中，组织感染性的作用至关重要。思想政治教育要充分运用心理相容机理营造和谐的组织氛围，为大学生寝室的良好发展奠定强大的心理基础。首先，要在寝室个体与个体之间创设相互尊重、相互信任、相互理解、相互包容的心理相容环境，进而以寝室组织目标为指引，促成相互帮助、相互学习、相互借鉴、相互成就的心理相容行为。久而久之，寝室组织的团结性和凝聚力会在和谐氛围中得到显著提升。其次，要在内容上下功夫。经常组织寝室中的学生党员或积极分子在成员中开展理论学习活动和时事研讨活动，有效利用自由、轻松、随意、诙谐的寝室“卧谈会”，在寝室形成正确的舆论导向和积极的思想氛围。结合寝室成员的实际学习情况，为专业课教师创造入寝指导机会，同时组织寝室成员结成专业学习上的“互助对子”，形成“比”“赶”“帮”“超”的良好学习氛围。

（四）运用人际吸引机理促进良好人际关系

大学生寝室组织中人际关系的重要性不言而喻，和谐的寝室关系是成员全面成长的影响源，更是思想政治教育组织感染性的发生源。寝室是大学生离开家庭、独立生活、尝试自主交往的最佳学习实践场所。在人际吸引机理中，学生寝室属于典型的近距型人际吸引组织，空间范围上的限制使得寝室成员之间的交往频率很高。从积极的角度来看，密切交往可以促进个体间的情感交融，但从负面的角度来看，越频繁的交往越可能导致交往的复杂性和矛盾性。思想政治教育要运用人际吸引的基本特点，引导大学生坚持正确的人际关系原则和习惯，突出“同窗”“友谊”“伙伴”“职业发展支撑”等良好人际关系的感染作用。

（五）运用模仿学习机理塑造正面榜样人物

任何组织中的正面榜样人物都是触发组织感染性的有效点位，是组织中其他个体模仿学习的主要对象。一般情况下，大学生寝室组织的核心人物是成员公开推选的寝室长，作为学校学生干部体系中的基础一环，其影响往往比院系学生干部更为实际。思想政治教育要运用模仿学习机理积极塑造寝室组织中的正面榜样人物，使寝室中的优秀学生代表成为架设在思想政治教育者和最广大学生之间的“高速公路”，让榜样“在身边”，让典型“下基层”，让影响“处处有”，让感染“全覆盖”，让渴望通过模仿学习身边榜样而改变自己的大学生可以“就地取材”“现场聆听”“切身感受”，有效打通高校思想政治工作“最后一公里”。

参考文献

图书：

[1] 马克思，恩格斯．马克思恩格斯全集：第 1，3，42 卷．北京：人民出版社，1962，1979，2008.

[2] 马克思，恩格斯．马克思恩格斯选集：第 1，3，4 卷．北京：人民出版社，1995，2012.

[3] 马克思．1844 年经济学哲学手稿．北京：人民出版社，2000.

[4] 列宁．列宁全集：第 25 卷．2 版增订版．北京：人民出版社，2017.

[5] 列宁．列宁选集：第 3，4 卷．3 版修订版．北京：人民出版社，2012.

[6] 列宁．哲学笔记．北京：人民出版社，1974.

[7] 毛泽东．毛泽东选集：第 1，2 卷．2 版．北京：人民出版社，1991.

[8] 习近平．习近平谈治国理政．北京：外文出版社，2014.

[9] 白显良．隐性思想政治教育基本理论研究．北京：人民出版社，2013.

[10] 包志勤．现代青年组织学．北京：中国青年出版社，1991.

[11] 陈力丹．精神交往论：马克思恩格斯的传播观．北京：中国人民大学出版社，2016.

[12] 陈莉．中国大学生组织的社会学解读：以 H 大学为案例．北京：中国社会科学出版社，2009.

[13] 陈平原．大学为何．北京：北京大学出版社，2006.

[14] 陈万柏，张耀灿．思想政治教育学原理．2 版．北京：高等教育出版社，2007.

[15] 崔海英．大学生非正式组织影响力研究．北京：中国经济出版社，2009.

[16] 董新华．大学生行为学．南京：东南大学出版社，1992.

[17] 方惠坚．清华工作五十年．北京：清华大学出版社，2003.

[18] 关培兰．组织行为学：第 4 版．北京：中国人民大学出版社，2015.

[19] 国家教委思政司，共青团中央学校部．青春的风采．北京：北京师范大学出版社，1994.

[20] 胡绳．中国共产党的七十年．北京：中共党史出版社，1991.

[21] 黄延复．水木清华：二三十年代清华校园文化．桂林：广西师范大学出版社，2001.

[22] 教育部思想政治工作司．社会工作方法在大学生思想政治教育中的运用．北京：高等教育出版社，2010.

[23] 金冲及．第二条战线：论解放战争时期的学生运动．北京：生活·读书·新知三联书店，2016.

[24] 金以林．近代中国大学研究：1895—1949．北京：中央文献出版社，2000.

[25] 李宁．群体心理学．广州：暨南大学出版社，2000.

[26] 李忠军．高校辅导员工作案例研究方法与实证．北京：人民出版社，2010.

[27] 连榕，李宏英，等．发展与教育心理学．福州：福建教育出版社，2007.

[28] 刘道玉．一个大学校长的自白．武汉：长江文艺出版社，2005.

[29] 刘宏达. 思想政治教育与大学生群体发展研究. 北京：中国社会科学出版社，2013.

[30] 刘克选. 清华与北大：中国两所著名高等学府的历史与风格. 北京：国家行政学院出版社，1998.

[31] 栾利杰，孙志芳. 大学生学. 济南：黄河出版社，1990.

[32] 倪蛟. 抗战时期国立中央大学的学生生活. 南京：南京大学出版社，2017.

[33] 平章起，杨桂华，李磊，等. 青年社会学. 北京：解放军出版社，1988.

[34] 沈虹，郭嘉，纪中展，等. 移动的 90 后：90 后大学生媒介接触行为、生活形态与价值观研究. 北京：机械工业出版社，2014.

[35] 沈壮海. 思想政治教育有效性研究. 3 版. 武汉：武汉大学出版社，2016.

[36] 孙其昂. 社会学视野中的思想政治工作. 北京：科学出版社，2017.

[37] 孙晓敏. 群体动力. 北京：北京师范大学出版社，2017.

[38] 陶行知. 陶行知教育名篇. 北京：教育科学出版社，2013.

[39] 汪家镠. 建国后十七年高校学生思想政治工作的回顾与思考. 北京：中国广播电视出版社，2008.

[40] 王逢贤. 教育学原理. 北京：教育科学出版社，2015.

[41] 王海明. 新伦理学. 北京：商务印书馆，2001.

[42] 王海平. 军队思想政治教育接受论. 北京：军事科学出版社，2002.

[43] 王敏. 思想政治教育接受论. 武汉：湖北人民出版社，2002.

[44] 吴礼权. 感染力. 广州：暨南大学出版社，2017.

[45] 吴玉军. 现代性语境下的认同问题：对社群主义与自由主义论争的一种考察. 北京：中国社会科学出版社，2012.

[46] 武怀堂. 思想教育心理学. 北京：华夏出版社，1987.

[47] 辛立洲. 大学生社会学. 南宁：广西科学技术出版社，1988.

[48] 杨立德. 西南联大的斯芬克斯之谜. 昆明：云南人民出版社，2005.

[49] 杨威. 思想政治教育的社会学研究. 北京：中国社会科学出版社，2014.

[50] 杨晓慧. 当代大学生成长规律研究. 北京：人民出版社，2010.

[51] 杨正. 思想政治教育心理机制研究. 北京：红旗出版社，2005.

[52] 杨芷英. 思想政治教育心理学. 修订版. 北京：中国人民大学出版社，2014.

[53] 叶娜. 大学生群体认同的结构与动机研究. 广州：世界图书出版广东有限公司，2014.

[54] 尹冬梅，丁力. 中国当代高校学生组织研究. 北京：时事出版社，2008.

[55] 于显洋. 组织社会学. 北京：中国人民大学出版社，2016.

[56] 余仰涛. 思想关系学：思想政治工作原理. 武汉：武汉大学出版社，2006.

[57] 余仰涛. 思想政治工作学研究方法论. 武汉：武汉测绘科技大学出版社，2000.

[58] 张耀灿，陈万柏. 思想政治教育学原理. 北京：高等教育出版社，2001.

[59] 张耀灿，郑永廷，吴潜涛，等. 现代思想政治教育学. 北京：人民出版社，2006.

[60] 张耀灿，郑永廷，刘书林，等. 现代思想政治教育学. 北京：人民出版社，2001.

[61] 张瑜. 高校网络思想政治教育发展与创新研究. 北京：人民出版社，2014.

[62] 赵祥麟. 杜威教育论著选. 上海：华东师范大学出版社，1981.

[63] 郑永廷. 思想政治教育方法论. 修订版. 北京：高等教育出版

社，2010.

[64] 钟叔河，朱纯. 过去的大学. 武汉：长江文艺出版社，2005.

[65] 周婷. 认同视野中大学生个体组织化研究. 南昌：江西教育出版社，2013.

[66]《中国共产党思想政治教育史》编写组. 中国共产党思想政治教育史. 北京：高等教育出版社，2016.

[67] 苏霍姆林斯基. 给教师的一百个建议. 杜殿坤，译. 北京：教育科学出版社，1984.

[68] 杜威. 杜威五大讲演. 胡适，译. 合肥：安徽教育出版社，1999.

[69] 伯姆. 论对话. 王松涛，译. 北京：教育科学出版社，2004.

[70] 戈布尔. 第三思潮：马斯洛心理学. 上海：上海译文出版社，1987.

[71] 罗索夫斯基. 美国校园文化：学生·教授·管理. 谢宗仙，译. 济南：山东人民出版社，1996.

[72] 比格. 学习的基本理论与教学实践. 张敷荣，张粹然，王道宗，译. 北京：人民教育出版社，1990.

[73] 安鲁特，杜柏林. 管理学精要. 胡左浩，郑黎超，译. 北京：电子工业出版社，2007.

[74] 迈尔斯. 社会心理学：第8版. 张智勇，乐国安，侯玉波，等译. 北京：人民邮电出版社，2006.

[75] 维克. 组织社会心理学. 贾柠瑞，高隽，译. 北京：中国人民大学出版社，2009.

[76] 达尔文. 人类的由来. 潘光旦，等译. 北京：商务印书馆，1983.

[77] 涂尔干. 社会分工论. 渠东，译. 北京：生活·读书·新知三联书店，2013.

[78] 韦伯. 社会学基本概念. 顾忠华，译. 桂林：广西师范大学出版社，2005.

[79] 富永健一. 社会学原理. 严立贤，陈婴婴，杨栋梁，等译. 北京：

社会科学文献出版社，1992.

[80] 是本哲雄. 人际关系心理学. 颜文君，译. 北京：经济管理出版社，2005.

[81] 弗莱雷. 被压迫者的教育学. 顾建新，赵有华，何曙荣，译. 上海：华东师范大学出版社，2002.

[82] 教育部思想政治工作司. 加强和改进大学生思想政治教育重要文献选编（1978—2014）. 北京：知识产权出版社，2015.

[83] 辞海：缩印本. 6版. 上海：上海辞书出版社，2010.

[84] 中国社会科学院语言研究所词典编辑室. 现代汉语词典. 6版. 北京：商务印书馆，2012.

[85] 时蓉华. 社会心理学词典. 成都：四川人民出版社，1988.

[86] 陆建华. 青年学辞典. 合肥：安徽人民出版社，1990.

期刊：

[87] 边婧，宗彪. 浅议高校学生组织文化建设. 科技信息，2008（27）.

[88] 陈莉. 走向后集体主义：当代大学生文化的价值分析. 大学教育科学，2009（1）.

[89] 范微微. 音乐教化功能分析. 大舞台，2015（4）.

[90] 冯培. 从班级到团队：高校学生组织模式的重构. 首都经济贸易大学学报，2009（34）.

[91] 高地. 社会主义核心价值体系融入大学生思想政治教育的载体研究. 东北师大学报（哲学社会科学版），2009（5）.

[92] 高地. 西方学者中国思想政治教育研究述评. 马克思主义研究，2016（10）.

[93] 苟国旗. 高校学生组织建设的几点思考. 西华师范大学学报（哲学社会科学版），2005（5）.

[94] 贺利. 影视传媒艺术与大学生审美文化教育. 内蒙古师范大学学报（教育科学版），2005（9）.

[95] 胡建. 思想政治教育熏陶感染法运用中的问题及对策探讨. 教育文化论坛，2016 (2).

[96] 黄平. 高校学生组织存在的问题与对策. 教育与职业，2010 (32).

[97] 黄兆康. 五四运动的总司令应是李大钊. 党史研究与教学，1988 (6).

[98] 金昕. 大学生日常思想政治教育理论研究的科学化. 思想教育研究，2017 (1).

[99] 金昕. 美育与大学生人格养成关系论析. 学校党建与思想教育，2009 (13).

[100] 金昕. 以大学生人格养成为旨归的美育策略探析. 东北师大学报（哲学社会科学版），2009 (3).

[101] 雷洪，朱岭. 国营大中型企业工程技术人员劳动组织归属感及其相关因素分析：对武汉机床厂工程技术人员的调查. 国际关系学院学报，1988 (3).

[102] 李桦. 情的感染，美的享受：略谈力群的版画艺术. 中国美术，2013 (1).

[103] 李艳. 中国梦的文化场域与大学文化建设. 思想政治教育研究，2016 (2).

[104] 李艳. 文化自觉的三重释义. 东北师大学报（哲学社会科学版），2012 (4).

[105] 李友山. 论高校学生组织作用的最优化. 知识经济，2010 (22).

[106] 李忠军，张森林. 大学生组织归属状况调查研究. 中国青年研究，2008 (5).

[107] 李忠军. “铸魂育人”是思想政治教育本质核心内涵的探讨. 思想政治教育研究，2015 (10).

[108] 李忠军. 当代中国铸魂育人问题论析. 社会科学战线，2016 (6).

[109] 刘宏达. 高校学生组织的思想政治教育功能分析. 中国青年政治学院学报，2008 (6).

[110] 刘先义. 论德育接受机制. 教育研究，1991 (11).

[111] 刘献君. 21世纪中国高等教育的走向. 高等教育研究，2000 (2).

[112] 刘兴平，金晓奕. 论高校学生组织影响力及其构建途径. 河海大学学报 (哲学社会科学版)，2007 (4).

[113] 鲁帆. 移动智能终端发展趋势研究. 现代传播，2011 (11).

[114] 骆郁廷，孙婷婷. 形象德育：一种新的德育形态. 教育研究，2017 (6).

[115] 吕耀怀. 道德感染的特性与功能. 哲学动态，1991 (6).

[116] 茅铭晨. 感染方法与大学生思想教育. 学校思想教育，1988 (5).

[117] 苗冬青，陈建. 依托朋辈群体开展大学生德育的模式探究. 科教文汇，2015 (1).

[118] 石国亮. 高校学生组织研究的几个前提性问题. 学校党建与思想教育 (上半月)，2007 (12).

[119] 孙德芬. 高校学生组织的功能及管理模式研究. 教育与职业，2007 (30).

[120] 孙际垠. 略论高校散文鉴赏教学中的形象感染. 中南林业科技大学学报 (社会科学版)，2012 (6).

[121] 王丽萍. 用人格力量感染学生. 河西学院学报 (文理综合版)，2001 (3).

[122] 王守刚，封雪，畅军亮. 高校学生组织自治运行模式及机制研究. 煤炭高等教育，2006 (5).

[123] 王婷. 善用"同伴影响力". 21世纪商业评论，2008 (7).

[124] 王占仁. "广谱式"创新创业教育的体系架构与理论价值. 教育研究，2015 (5).

[125] 王占仁. 高校思想政治教育如何实现全程、全方位育人. 教育研究，2017 (8).

[126] 王哲，郭强. 我国高校学生组织发展变革研究. 学校党建与思想教育，2015 (4).

[127] 吴海文. 提高思想政治教育实效性的方法：群体中的模仿与感染. 学理论，2010 (24).

[128] 吴晓琴，孙大永. 现代大学制度视域下高校学生组织的创新发展. 思想政治教育研究，2017 (1).

[129] 肖翠英. 基层思想政治工作感染教育方法探讨. 广西社会主义学院学报，2011 (3).

[130] 宣勇. 挑战与回应：大学学生组织的重构. 教育研究，2006 (4).

[131] 杨国良，于红超. 高校学生组织的功能定位与内涵重构. 湖北职业技术学院学报，2009 (1).

[132] 杨晓慧，张泽强. “四个服务”：高校思想政治工作新理念. 中国青年社会科学，2017 (3).

[133] 杨晓慧. 习近平青年价值观教育思想论要. 马克思主义研究，2017 (11).

[134] 姚莉. 当代高校学生组织建设与发展的思考. 教育与职业，2013 (9).

[135] 尹冬梅. 高校学生组织研究：从经验走向科学. 思想理论教育，2012 (3).

[136] 印红标. 红卫兵运动的主要流派. 青年研究，1997 (4).

[137] 余之. 渲染与感染. 电影艺术，1983 (1).

[138] 张劲珊. 论广告的艺术感染与情感激发. 商业经济文荟，2002 (6).

[139] 张晶萍. 省籍意识与文化认同：叶德辉重建湘学知识谱系的努力. 湖南大学学报（社会科学版），2008 (2).

[140] 张奇勇，卢家楣. 情绪感染的概念与发生机制. 心理科学进展，2013 (9).

[141] 张祺. 情感的感染性与品德教育. 体育教学，1990 (1).

[142] 张寅清. 以鲜明的形象感染人：通讯写作漫谈之一. 新闻爱好者，1993 (1).

[143] 章亚昕. 论诗歌艺术的感染力. 东岳论丛，1994（4）.

[144] 赵世龙，贾玥. 学生组织在大学生思想政治教育中的作用研究. 辽宁省社会主义学院学报，2013（2）.

[145] 郑国凤，郑国桂. 从情绪的交互感染性看教师课堂情绪的调控艺术. 科教文汇（中旬刊），2010（7）.

[146] 郑确辉. 对改革开放以来大学生关注的若干文化热点现象之回顾. 青年研究，2001（4）.

[147] 郑永廷，朱白薇. 新时期大学生思想政治教育实践的丰富和发展：改革开放30年大学生思想政治教育实践发展成果. 思想教育研究，2008（11）.

[148] 朱及群. 从归属感心理所想到的. 国际关系学院学报，1988（3）.

报纸：

[149] 习近平在全国高校思想政治工作会议上强调：把思想政治工作贯穿教育教学全过程 开创我国高等教育事业发展新局面. 人民日报，2016-12-09.

[150] 习近平. 决胜全面建成小康社会 夺取新时代中国特色社会主义伟大胜利：在中国共产党第十九次全国代表大会上的报告. 人民日报，2017-10-28.

[151] 发挥政治工作对强军兴军的生命线作用 为实现党在新形势下的强军目标而奋斗. 人民日报，2014-11-02.

[152] 中共中央国务院印发《关于加强和改进新形势下高校思想政治工作的意见》. 人民日报，2017-02-28.

[153] 中共中央国务院发出《关于进一步加强和改进大学生思想政治教育的意见》. 人民日报，2004-10-15.

[154] 团中央和教育部联合印发《高校共青团改革实施方案》. 中国青年报，2016-11-22.

[155] 共青团中央教育部印发《关于加强和改进新形势下高校共青团思

想政治工作的意见》. 中国青年报，2017-06-06.

[156] 白旋. 感染式教育漫议. 解放军报，2003-07-24.

[157] 这间“学霸寝室”让人想双击666. 新文化报，2017-11-18.

后 记

对大学生组织思想政治教育感染性进行研究，源于对大学生思想政治教育工作的热爱，更源于对大学生组织的情结。在6年半的辅导员职业生涯中，本人亲身经历了中央16号文件带来的思想政治教育的“春天”，目睹了当时唯一免费师范生“全国先进班集体”的诞生。2011年4月，在国家首届免费师范生毕业前夕，班集体成员给中共中央政治局常委、国务院总理温家宝同志写信——《总理，我们准备好了!》，并得到温总理亲笔批示：“读了同学们的信，深受感动。当一名优秀的人民教师，他们确实准备好了。”本人身为高校思想政治教育一线工作者，从那一刻开始，明白了大学生组织对学生的感染力的强大。它触动着我们在实践中不断研究、不断反思符合教育者理想的优秀集体到底该如何引导、如何形成，如何通过集体影响成就更多党和国家需要的青年大学生。

新形势下，党和国家高度重视大学生思想政治教育工作。习近平总书记在全国高校思想政治工作会议上明确提出，要提升思想政治教育亲和力和针对性；中央31号文件强调，要积极发挥共青团、学生会组织和学生社团的作用，运用大学生喜欢的表达方式开展思想政治教育；教育部印发的《高校思想政治工作质量提升工程实施纲要》更是将组织育人作为构建“十大育人体系”的重要组成部分首次提出。教育部思想政治工作司在年度工作要点中特别提到，要坚持显性教育和隐性教育并重，注重发挥文化的浸润、感染、熏陶作用。这些新时代的新观点、新论断、新要求点燃了本人追求实际工作理论化的热情，坚定了对大学生组织思想政治教育感染性的研究定力。

本书立足现代思想政治教育实际，广泛汲取社会学、心理学、教育学和管理学相关理论，从内涵阐释、理论基础、历史镜鉴、实证分析、机理规律及实践策略等方面初步构建了大学生组织思想政治教育感染性的理论框架，探索凝练了不同类型大学生组织对大学生个体基于情感激发的价值观影响和人格塑造，科学提出了组织感染性的发生机制、内在机理和一般规律，为更好利用大学生组织开展思想政治教育提供了引导策略，指明了实践路径。诚然，大学生组织感染性只是组织感染性的一个分支，而组织感染性又是思想政治教育感染性的一个方面。限于本人学术和理论素养水平，书中叙述难免挂一漏万，唯愿抛砖引玉，希望为广大高校思想政治教育工作者提供些许参考。

本书的顺利出版，得益于师长、同行和学友的指导帮助，离不开中国人民大学出版社编辑的鼎力支持，在此一并致谢！

王子刚

2021 年 11 月 · 长春

图书在版编目（CIP）数据

大学生组织思想政治教育感染性研究 / 王子刚著. --北京：中国人民大学出版社，2022.9
（思想政治教育实践研究新探索丛书 / 杨晓慧，刘志主编）
ISBN 978-7-300-30967-5

Ⅰ.①大… Ⅱ.①王… Ⅲ.①高等学校-思想政治教育-研究-中国 Ⅳ.①G641

中国版本图书馆 CIP 数据核字（2022）第 162392 号

思想政治教育实践研究新探索丛书
主编 杨晓慧 刘 志
大学生组织思想政治教育感染性研究
王子刚 著
Daxuesheng Zuzhi Sixiang Zhengzhi Jiaoyu Ganranxing Yanjiu

出版发行	中国人民大学出版社		
社　　址	北京中关村大街 31 号	**邮政编码**	100080
电　　话	010－62511242（总编室）		010－62511770（质管部）
	010－82501766（邮购部）		010－62514148（门市部）
	010－62515195（发行公司）		010－62515275（盗版举报）
网　　址	http://www.crup.com.cn		
经　　销	新华书店		
印　　刷	唐山玺诚印务有限公司		
规　　格	165 mm×230 mm　16 开本	**版　　次**	2022 年 9 月第 1 版
印　　张	12.75 插页 1	**印　　次**	2022 年 9 月第 1 次印刷
字　　数	167 000	**定　　价**	58.00 元